PROFIL D'UNE ŒUVRE

Collection dirigée par Georges Décote

L'Assommoir
(1877)

ÉMILE ZOLA

COLETTE BECKER
Agrégée de l'Université
Docteur ès Lettres
Professeur à l'université de Paris X, Nanterre

AGNÈS LANDES
Ancienne élève de l'École normale supérieure
Agrégée de l'Université
Docteur ès Lettres

Sommaire

© HATIER, Paris, Août 1999   ISSN 0750-2516   ISBN 2-218-**74082**-6

Six lectures méthodiques

Les indications de pages renvoient à l'édition GF-Flammarion de
L'Assommoir, n° 198.

Colette Becker a rédigé la fiche Profil, le résumé,
les problématiques essentielles et la bibliographie.
Agnès Landes a rédigé les repères pour la lecture, les lectures
méthodiques et l'index.

Maquette : Tout pour plaire
Mise en page : Fiat Lux

L'Assommoir (1877)

Émile Zola (1840-1902)

Roman naturaliste   XIXe siècle

RÉSUMÉ

L'intrigue se déroule à Paris, dans le quartier populaire de la Goutte-d'Or, entre 1850 et 1869, dans un milieu de petits artisans. Auguste Lantier abandonne, sans ressources, dans un hôtel meublé sordide, Gervaise et leurs deux enfants, Étienne et Claude, quinze jours après leur arrivée à Paris. Courageuse, Gervaise travaille comme blanchisseuse. Elle boite légèrement, mais c'est une jolie femme dont s'éprend Coupeau, un ouvrier zingueur.

Ils se marient. Travailleurs et économes, ils acquièrent en quatre ans une certaine aisance. Gervaise rêve de s'installer à son compte. Mais son mari tombe d'un toit en voulant regarder leur petite fille Nana, et se casse une jambe. Pour ne pas l'envoyer à l'hôpital, elle le soigne chez elle et dépense leurs économies. Coupeau prend goût à la paresse et à la boisson. Gervaise peut toutefois louer une boutique car un voisin, Goujet, qui l'aime secrètement, lui prête 500 francs. Les clients affluent, Coupeau se remet au travail, tout semble lui sourire. Gervaise prend chez elle sa belle-mère sans ressources.

Mais la situation se dégrade : Coupeau boit de plus en plus, travaille de moins en moins et Gervaise se laisse aller. Lantier revient dans le quartier. Coupeau, dont il flatte le vice, l'installe dans son ménage. Les deux hommes s'entendent pour exploiter Gervaise qui redevient la maîtresse de Lantier. Elle boit à son tour, néglige son travail, doit abandonner sa « belle boutique ». Les Coupeau vont habiter sous les toits et tombent dans une misère noire. Nana s'enfuit. Coupeau, détruit par l'alcoolisme, meurt à l'hôpital à quarante ans. Gervaise, précocement vieillie, difforme, hébétée, est trouvée morte, un jour, dans une niche sous un escalier.

– **Gervaise Macquart**, 22 ans au début du roman (mai 1850), 41 ans à la fin (1869), héroïne de l'œuvre, blanchisseuse.

– **Coupeau**, 26 ans, ouvrier zingueur, il meurt à 40 ans d'alcoolisme.

– **Auguste Lantier,** 26 ans, ouvrier chapelier, amant de Gervaise et père de ses deux fils. Beau parleur et paresseux.

– **Nana**, née en 1852, fille de Gervaise et de Coupeau.

– **Maman Coupeau**, 62 ans, mère de Coupeau, recueillie par Gervaise quand elle ne peut plus travailler.

– **Mme Goujet**, 44 ans, dentellière, propre, économe.

– **Goujet**, 22 ans, forgeron, type du bon ouvrier.

– **Les Lorilleux**, 34 et 30 ans, beau-frère et belle-sœur de Gervaise.

– **M. et Mme Boche**, concierges de la grande maison ouvrière.

CLÉS POUR LA LECTURE

1. Un roman documentaire

Zola a voulu brosser un tableau exact de la vie du peuple.

2. Les ravages de l'alcoolisme

Les effets destructeurs de l'alcool accélèrent l'engrenage de la déchéance.

3. L'influence du milieu et de l'hérédité

Le poids des déterminismes sociaux et biologiques sur l'individu.

4. Une technique narrative moderne

Zola utilise des procédés narratifs nouveaux : l'argot, langue populaire ; l'extension du style indirect libre, qui aboutit à un « roman parlé ».

5. Le passage du symbole au mythe

Le monde de *L'Assommoir* est peuplé de forces hostiles contre lesquelles se bat Gervaise, en vain.

PREMIÈRE PARTIE

Résumé
et repères
pour la lecture

L'abandon de Gervaise[1]

RÉSUMÉ

Mai 1850 : Gervaise Macquart (22 ans) a attendu toute la nuit Auguste Lantier (26 ans), le père de Claude (8 ans) et d'Étienne (4 ans). Ils vivent à quatre depuis quinze jours dans une misérable chambre de l'hôtel Boncœur. Arrivés de Plassans (Aix-en-Provence) à Paris deux mois plus tôt, ils ont vite mangé leurs économies.

Description de la vie des ouvriers et de celle du quartier de la Goutte-d'Or, (voir plans, p. 53 et 57). Gervaise aperçoit de sa fenêtre le flot des ouvriers, puis des employés qui partent au travail.

Lantier revient. Une querelle brutale éclate devant les enfants apeurés. Il envoie Gervaise porter leurs dernières nippes au Mont-de-Piété[2] et empoche les cent sous qu'elle y a obtenus. Elle part au lavoir. Description du bâtiment et du travail des laveuses. Tout en lavant son linge, la jeune femme évoque devant Mme Boche ses rapports avec Lantier, leur arrivée à Paris. Les deux enfants viennent annoncer à leur mère que leur père est parti. Désespoir de Gervaise. Virginie, la sœur d'Adèle avec laquelle Lantier est allé vivre, vient la narguer. Les deux femmes s'injurient puis se battent. Gervaise administre à Virginie une fessée à grands coups de battoir devant les laveuses réjouies.

Dernière image : Gervaise se retrouve seule à Paris, abandonnée avec ses enfants, sans argent, ni meubles, ni habits, sans même les reconnaissances du Mont-de-Piété emportées par Lantier.

REPÈRES POUR LA LECTURE

Une étude de mœurs

Emile Zola a voulu faire de ce début de roman une scène « typique ». Dans cet épisode dramatique, l'étude de mœurs est pous-

---

1. Zola n'a pas donné de titres à ses chapitres. Nous en ajoutons pour mieux marquer les étapes de l'intrigue.
2. Établissement de prêt sur gage. La délivrance d'un reçu (une reconnaissance) atteste le dépôt des objets et permet de les récupérer contre remboursement du prêt.

sée. La stabilité du ménage de Lantier et Gervaise, concubins comme beaucoup de familles populaires, est fragile. Les rapports au sein du couple sont très durs : en cas de désaccord, l'homme possède le droit du plus fort, qui l'autorise à infliger à sa femme un traitement odieux. Malgré les torts de son compagnon, qui a découché, Gervaise n'a pas même le droit de se fâcher ; elle reste soumise, accomplit les tâches domestiques, manque de se faire battre. L'abandon de Lantier la laisse sans recours, et elle devra assumer seule la charge des enfants.

Ce tableau très noir est-il une caricature ? Non, car Lantier est présenté comme un mauvais sujet, et ne représente pas la norme. Cependant, les lois ne protègent guère femmes et enfants contre les abus du père.

Le lavoir : une scène de théâtre

La bagarre au lavoir, mise en scène avec soin, possède une réelle qualité dramatique. Son point de départ est le drame de l'abandon, et la jalousie que Virginie méchamment excite en Gervaise. La montée de la violence, d'abord verbale puis physique, atteint vite un paroxysme, et la rage des deux femmes se déchaîne. La fessée infligée à Virginie est le point culminant du combat. Celui-ci prend une dimension épique, avec les coups, les provocations verbales, les insultes. Le sang coule… Les laveuses entourent les combattantes, formant un public avide d'émotion, ravi du spectacle. Cet épisode haut en couleurs est nécessaire à l'intrigue romanesque : Virginie humiliée se vengera quelques années plus tard.

CHAPITRE II (pages 62 à 89)

L'idylle de Gervaise et de Coupeau

RÉSUMÉ

Trois semaines plus tard : Gervaise travaille comme blanchisseuse chez Mme Fauconnier. C'est une très bonne ouvrière, très courageuse, jolie. Ses enfants vont à l'école. Un ouvrier zingueur, Coupeau (26 ans), qui lui fait la cour, l'invite à prendre une prune à l'eau-de-vie au cabaret du père Colombe, l'Assommoir. Description de la rue et du cabaret au moment de la pause du déjeuner.

Gervaise, se rappelant son aventure avec Lantier et songeant à ses deux enfants, refuse les avances de Coupeau. Ils parlent de leur famille et de leur passé. Tous deux ont une lourde hérédité alcoolique : le père Coupeau, zingueur comme lui, s'est écrasé sur le pavé en tombant d'un toit un jour d'ivresse ; aussi ne boit-il que du cassis, d'où son surnom Cadet-Cassis. Gervaise est la fille d'un ivrogne, très brutal.

Elle lui confie son rêve de vie : « Mon idéal, ce serait de travailler tranquille, de manger toujours du pain, d'avoir un trou un peu propre pour dormir, [...] élever mes enfants, [...] ne pas être battue » (p. 69), leitmotiv du roman. Elle insiste sur sa faiblesse, trait essentiel de son caractère. Ce sera une des raisons de sa déchéance. Description de l'alambic avec lequel le père Colombe fabrique son eau-de-vie. L'appareil fait peur à Gervaise.

Celle-ci accompagne Coupeau qui doit passer chez sa sœur et son beau-frère, les Lorilleux, rue de la Goutte-d'Or. Description de la grande maison ouvrière où s'entassent des dizaines de ménages d'ouvriers et de petits artisans qui travaillent dans leur appartement.

Fin juin, Gervaise accepte d'épouser Coupeau. Il la présente aux Lorilleux qui habitent au 6e étage. Description de l'intérieur de la maison, de ses bruits, de ses odeurs, de sa saleté. Les Lorilleux fabriquent des chaînes en or. Précisions sur le travail de ce ménage de petits artisans besogneux, méchants et cancaniers, qui reçoivent très mal Gervaise. La jeune femme quitte la grande maison, prise par une « bête de peur », qui annonce le futur.

REPÈRES POUR LA LECTURE

Comme le chapitre I, ce chapitre se découpe en deux grandes scènes principales, situées respectivement à l'Assommoir et chez les Lorilleux. Ces deux scènes sont séparées par l'intermède de la demande en mariage de Coupeau.

Une scène symbolique

La scène à l'Assommoir est capitale : le dialogue tendre de Coupeau et Gervaise est encadré par deux descriptions de l'alambic du père Colombe, machine diabolique, à la fois inquiétante et fascinante (voir lecture méthodique 1, p. 94). Les débuts amoureux du jeune couple se trouvent ainsi placés sous le patronage fatal de l'alcool. Les rêves modestes de Gervaise, présentés au début du récit, constituent le programme de vie de la jeune femme. Le roman s'appliquera à les réaliser point par point, puis à les détruire.

Précision de l'observation

Chez les Lorilleux, la fabrication des chaînes en or est minutieusement décrite. L'observation de ce métier artisanal intéresse le romancier qui en expose les diverses opérations avec une grande quantité de détails techniques. Une symbolique des métiers apparaît : ce métier est prestigieux, puisque c'est le travail de l'or. Pourtant, la scène est vue à travers le point de vue de Gervaise, très déçue par la laideur de cet antre sombre et sale. Ce procédé souligne le contraste entre la beauté de l'œuvre achevée et le travail patient et obscur de l'ouvrier : la valeur du travail artisanal apparaît seulement au terme de l'ouvrage, pour le client riche.

CHAPITRE III (pages 90 à 119)

Une noce en milieu ouvrier

RÉSUMÉ

Samedi 29 juillet 1850. Les préparatifs de la noce : pour s'habiller correctement, Gervaise et Coupeau font des heures supplémentaires, empruntent aux Lorilleux. Ils invitent quinze personnes : chacun paiera son écot de 5 francs. La cérémonie est expédiée.

Un orage empêchant d'aller à la campagne, on va à Paris, au Musée du Louvre. Le cortège endimanché et grotesque suscite les quolibets des passants. Récit burlesque de ses déambulations à travers les salles du musée où il se perd. Comme il pleut toujours, la noce se réfugie sous le Pont-Royal : la scène est une parodie de partie de campagne. Puis elle monte au sommet de la colonne Vendôme.

Le soir, grosse ripaille : on boit 25 litres de vin. « Querelle formidable » avec le patron du restaurant et entre les invités, au moment des comptes. Mme Lorilleux, qui, toute la journée, s'est montrée très désagréable et fort méchante à l'égard de Gervaise, fait un esclandre et part. La joie de Gervaise, déjà assombrie par la fin du repas, est définitivement gâtée quand elle apprend le surnom que lui a donné, à cause de sa claudication, sa belle-sœur : « La Banban ». Pour défendre sa femme, Coupeau apprend à sa sœur qu'on l'appelle dans le quartier, à cause de ses cheveux, « Queue-de-Vache ». Première rencontre du père Bazouge, un croque-mort qui habite la grande maison ouvrière. Gervaise est effrayée.

REPÈRES POUR LA LECTURE

Intérêt sociologique

Zola veut faire une description complète de la vie ouvrière, dans toutes ses dimensions. Le récit de cette noce des faubourgs est d'une grande richesse descriptive, grâce à l'abondance des détails, qui donnent aux différentes scènes l'épaisseur de la vie : vêtements, attitudes, conversations grivoises ou de métier sont toujours finement observés.

Une noce dérisoire

Les points de vue alternent souvent : la noce est décrite tantôt par un personnage du groupe, tantôt par un regard extérieur. Ce second point de vue permet d'introduire un effet de mise à distance. La distanciation souligne les ridicules de cette troupe de gens mal habillés et maladroits. Pourtant, le grotesque n'est jamais franc, car le comique se mêle de quelque pitié à l'égard des ouvriers, à la fois ridicules et touchants. Devant le peuple, le regard de Zola n'est jamais sarcastique ni méchant.

CHAPITRE IV (pages 120 à 148)

L'accident de Coupeau

RÉSUMÉ

Quatre années de dur travail donnent à Gervaise et à Coupeau une certaine aisance. Un vieux monsieur de Plassans leur offre de s'occuper de Claude dont il a remarqué les dons artistiques. Les Coupeau louent un appartement dans une petite maison de la rue Neuve-de-la-Goutte-d'Or aux allures provinciales. Ils mènent, comme leurs voisins, les Goujet, avec lesquels ils sympathisent, une vie de « bons ouvriers ». Gervaise donne naissance à Anna, surnommée Nana, et se remet à la besogne trois jours plus tard.

Grâce à leur travail acharné, Gervaise va pouvoir réaliser son rêve : louer une boutique pour s'installer comme blanchisseuse à son compte. Mais Coupeau tombe d'un toit en voulant regarder sa fille, qui l'appelle du trottoir. Il se casse une jambe. Son accident mange toutes les économies du ménage.

Autres conséquences de l'accident : pendant sa longue convalescence, Coupeau prend goût à la paresse et au vin. Il a désormais peur de monter sur les toits. Les Lorilleux l'excitent contre Gervaise et contre Étienne. Il se met à le battre.

Goujet, le voisin des Coupeau, célibataire vivant avec sa mère et très bon ouvrier forgeron, est tombé amoureux de la blanchisseuse. Il doit se marier avec une jeune dentellière « très convenable » choisie par sa mère. Il a fait des économies pour entrer en ménage. Il propose à Gervaise de lui prêter 500 francs afin qu'elle puisse réaliser son rêve : elle remboursera 20 F par mois.

REPÈRES POUR LA LECTURE

Sociabilité du peuple et rapport au corps

Après quatre années de vie familiale, dans une existence laborieuse et réglée, la naissance de Nana, la fille de Gervaise et Coupeau, permet à Zola d'analyser la sociabilité du peuple : attitudes de la famille autour du bébé, conversations, rites de la naissance sont étudiés attentivement. Le chapitre souligne aussi le rapport au corps dans les milieux populaires. Gervaise est très dure avec elle-même et ne ménage pas sa fatigue, malgré sa grossesse : elle travaille jusqu'au dernier moment, s'obstine à préparer le repas, et finalement accouche sur le paillasson ! Ensuite, elle n'a de cesse de se lever pour servir son mari.

La dramatisation de l'accident

La grave chute de Coupeau est le premier malheur qui s'abat sur la famille. La scène est longuement racontée (p. 135-139), avec une recherche de la dramatisation. La montée dramatique vers l'accident est rendue possible par plusieurs éléments, qui créent un effet de suspens : la peur de Gervaise, qui appréhende la chute ; la description des manœuvres périlleuses de Coupeau sur le toit ; surtout, une vieille femme qui, à sa fenêtre, semble attendre la chute : elle incarne la figure sinistre du destin.

CHAPITRE V (pages 149 à 181)

La boutique

RÉSUMÉ

1855. La boutique est située au rez-de-chaussée de la grande maison ouvrière, rue de la Goutte-d'Or. Gervaise l'embellit avant d'y entrer. À vingt-huit ans, tout semble lui sourire : elle a une belle boutique dont la devanture est « peinte en bleu clair avec des filets jaunes ». Les clients affluent, elle doit engager deux ouvrières. Description du travail des blanchisseuses. Gervaise excite la jalousie des Lorilleux qui se brouillent avec elle.

Coupeau a repris son travail, mais boit de plus en plus. Sa femme l'excuse. Elle devient gourmande, se laisse aller à ses premières paresses, comme grisée par la puanteur du linge sale qu'on lui apporte à laver et à repasser. Goujet fait embaucher Étienne à sa forge, pour « le sauver des coups de pied au derrière de Coupeau ». Nana, déjà vicieuse, polissonne à la tête de tous les enfants de la grande maison. Gervaise, prise de pitié, prend chez elle Maman Coupeau, âgée de soixante-sept ans et malade. Dans le quartier, on a beaucoup de considération pour sa gentillesse et son honnêteté.

REPÈRES POUR LA LECTURE

Le désir de la boutique

Gervaise éprouve un désir très violent pour cette boutique, l'ambition de sa vie : elle en rêve, elle y pense de façon obsessionnelle. En effet, la boutique représente la réussite sociale. Financièrement, elle constitue une source de revenus importants ; surtout, Gervaise devient patronne ; elle sort de la condition ouvrière pour entrer dans la catégorie petite-bourgeoise des commerçants.

La symbolique du linge sale

La scène du linge sale (p. 163-165) est significative : pendant que les ouvrières trient le linge des clients, Coupeau ivre se laisse aller à des grivoiseries avec Clémence. Gervaise accepte avec la même passivité cette saleté matérielle et morale. Plus tard, quand elle admettra Lantier chez elle, c'est sous le lit conjugal que l'on remisera le linge sale, ce qui annonce l'adultère qu'elle commettra avec Lantier.

CHAPITRE VI (pages 182 à 212)

L'idylle de Gervaise et de Goujet

RÉSUMÉ

Gervaise passe souvent voir Étienne à son travail. Description de la rue Marcadet bordée d'ateliers, de la forge, du travail des ouvriers. Zola pose les problèmes soulevés par la mécanisation. Un jour, Goujet, surnommé Gueule-d'Or à cause de sa belle barbe blonde, et un autre forgeron, Bec-Salé, dit Boit-sans-Soif, parce qu'il est capable de boire un litre de « tord-boyaux » (de mauvais alcool) par jour, se défient devant Gervaise à celui qui serait capable de forger un boulon avec le moins de coups de marteau. Goujet, qui ne boit pas, gagne à la grande joie de la jeune femme ce tournoi, qui est une véritable déclaration d'amour.

Pendant un an, Gervaise a remboursé aux Goujet 20 francs par mois. Elle n'y arrive plus ; elle leur fait même de nouveaux emprunts. Un jour, elle rencontre Virginie, à qui elle a administré une fessée au lavoir. Celle-ci, mariée à un sergent de ville, Poisson, semble avoir oublié sa mésaventure. Les deux femmes se revoient souvent. Virginie parle de Lantier à Gervaise qui pense à nouveau à son passé qu'elle avait oublié. Elle a peur de sa faiblesse et ne retrouve sa tranquillité qu'auprès de Goujet.

Quatre hivers passent. Dernière image du chapitre : Bijard, un serrurier qui habite la grande maison et qui ne dessoûle pas, assomme sa femme devant ses enfants terrorisés. Coupeau, qui s'est mis à boire de l'eau-de-vie, menace Gervaise. Celle-ci a peur de l'avenir.

REPÈRES POUR LA LECTURE

Les Goujet, figures du devoir

La scène du duel des forgerons (voir lecture méthodique 3, p. 106) précède celle où Gervaise, malgré sa honte, demande encore une avance d'argent à Mme Goujet. L'enchaînement de ces deux séquences souligne le fait que Gervaise doit sa prospérité aux sentiments du jeune forgeron pour elle. Malgré ses torts, elle trouvera toujours auprès de lui un soutien généreux et désintéressé, autant affectif que financier. En outre, les Goujet représentent pour elle un modèle de droiture, d'honnêteté, de raison. Mme Gouget, avec sa sagesse sévère, incarne une figure maternelle. À maintes reprises, elle prévient la jeune femme des erreurs qu'elle commet, mais Gervaise n'écoutera aucun de ces avertissements.

La vengeance de Virginie et son rôle dans l'intrigue

Ce motif, éminemment romanesque, joue un rôle important dans l'intrigue : offensée par la fessée reçue au lavoir, Virginie ourdit une machiavélique vengeance contre Gervaise. Les ressorts en sont psychologiques et moraux. Le retour de l'ancien amant doit précipiter la chute des Coupeau. Virginie joue le rôle de la tentatrice : elle s'efforce de troubler Gervaise en lui rappelant le souvenir de son ancien amant. Pour mieux l'entraîner à sa ruine, elle l'encourage à dépenser, à faire de bons repas, à ne pas se soucier de l'argent. Les thèmes de l'hypocrisie et de la jalousie apparaissent discrètement : le narrateur laisse deviner au lecteur que l'amabilité de Virginie n'est qu'une façade.

Analyse psychologique d'une déchéance

Une pente douce et continue tire le couple vers le bas : le laisser-aller est progressif. Chez Coupeau, la tendance à la paresse et à l'ivrognerie s'accentue à partir du chapitre VI, où il commence à boire de l'eau-de-vie. Pour Gervaise, dont la faiblesse de caractère est plusieurs fois affirmée, les tentations sont celles de la gourmandise et de la dépense ostentatoire, de la négligence avec les clientes, de la faiblesse face à son mari. Zola en décrit toutes les étapes, suggérant ainsi que les Coupeau sont en grande partie responsables de leur ruine. Dans *L'Assommoir,* les déterminismes ne sont pas seulement sociaux, mais aussi psychologiques et moraux.

CHAPITRE VII (pages 213 à 249)

La fête de Gervaise et le retour de Lantier

RÉSUMÉ

19 juin 1858 : une des dernières belles journées du ménage, la fête de Gervaise. On pense au repas un mois avant. Pour payer, la blanchisseuse met en gage au Mont-de-Piété sa robe de soie et son alliance. Une oie grasse rôtie est le plat de résistance d'un menu très copieux. On est quatorze à table, plus quatre enfants ; les Lorilleux et les Boche, réconciliés avec Gervaise pour l'occasion, sont de la fête. La table est mise dans la boutique. On mange et on boit à en être malade. Au dessert, chacun pousse sa chansonnette, y compris le vieux père Bru que Gervaise a invité et qu'elle soigne avec une grande gentillesse.

Lantier paraît au milieu du dessert et des chansons, probablement amené par Virginie. Celle-ci, depuis qu'elle est revenue dans le quartier, ourdit sa vengeance. Après une violente discussion sur le trottoir, Coupeau finit par introduire Lantier dans la boutique. Il le fait asseoir à côté de lui, dans l'indulgence générale. Gervaise, d'abord stupéfaite, trouve « très bien la façon tranquille dont s'arrangeaient les choses ». La fête continue. On a ouvert la porte, le quartier y participe.

REPÈRES POUR LA LECTURE

Le sens des chansons

La totalité du chapitre est occupée par le repas. La fête possède une dimension carnavalesque (voir ci-dessous p. 50 et p. 116). Au dessert, chacun entonne sa chanson, dont la signification est tantôt psychologique, tantôt symbolique : Boche, le concierge obsédé par les femmes, chante un couplet grivois. Gervaise chantonne doucement « Ah ! laissez-moi dormir ! » : elle s'endort en effet dans le bien-être et la passivité. Le vieux Bru, rendu gâteux par la misère, répète un refrain privé de sens. Mme Lerat fait pleurer l'assemblée avec une chanson pathétique, « l'Enfant du bon Dieu ». Cette enfant perdue de la misère désigne symboliquement Gervaise. Enfin, une fois que Lantier est entré dans la boutique, on entonne en chœur « Qué cochon d'enfant ! », ce « cochon » renvoyant évidemment à Lantier, le futur parasite de la maison. Ainsi, les chansons reflètent en miroir les personnages du roman.

Le retour de Lantier

Au beau milieu de la fête, le retour de l'ancien compagnon de Gervaise constitue un coup de théâtre, habilement préparé par Zola. Pendant le déroulement du festin, Virginie fait monter la tension dramatique, en informant Gervaise — et le lecteur — de tous les faits et gestes de Lantier. La menace s'insinue au cœur de la fête joyeuse. Le paroxysme se situe au moment où Coupeau et Lantier sortent dans la rue : on pense qu'ils vont se battre. Finalement ils rentrent, réconciliés. La tension se dissipe dans l'atmosphère d'orgie de la fin, malgré les soucis que Gervaise garde au cœur.

CHAPITRE VIII (pages 250 à 285)

Lantier « mène la baraque »

RÉSUMÉ

Le samedi suivant, Coupeau amène Lantier avec lequel il a mangé. On trinque. Lantier a grossi, mais il soigne toujours sa personne. Il finit par revenir chaque jour sous prétexte de voir son fils Étienne. On ne sait ni où il habite ni de quoi il vit. Beau parleur et roublard, il séduit le zingueur et tout le quartier, y compris les Lorilleux qu'il va voir chez eux, sous prétexte de leur commander une chaîne. Gervaise est inquiète : « Elle restait trop pleine de lui. »

Au printemps, Lantier parle de s'installer dans le quartier. Finalement, il loge chez les Coupeau. On fait transformer le cabinet où Gervaise mettait le linge sale et où couchait Étienne : elle fourre désormais le linge sous son lit et fait coucher l'enfant dans la boutique. Étienne part bientôt en apprentissage à Lille chez l'ancien patron de Goujet. Lantier mange à la table des Coupeau et prend la direction de la maison. Il ne verse jamais un sou ni pour les travaux, ni pour le loyer, ni pour la pension. Il se fait même entretenir par Gervaise. Celle-ci s'endette, la boutique périclite, le travail est mal fait. Les deux hommes la « mangent ». Poussé par Lantier, Coupeau se débauche de plus en plus, il ne travaille plus, devient ignoble.

Toujours amoureux d'elle, Goujet propose à Gervaise de partir avec lui. Très émue, elle refuse en lui promettant de ne pas reprendre Lantier comme amant, bien que le quartier et plus particulièrement Virginie l'y poussent. Mais, un jour que son mari rentre plus ivre que de coutume après deux jours de bordée, et qu'elle le retrouve dans sa chambre, vautré dans ses vomissures, elle va retrouver le chapelier. Le ménage à trois commence.

REPÈRES POUR LA LECTURE

L'emprise progressive de Lantier

Le chapitre montre l'emprise conquise peu à peu par Lantier sur les Coupeau. L'ancien amant de Gervaise est un type humain et littéraire (voir ci-dessous p. 39) situé à mi-chemin entre le parasite et l'escroc. Le chapitre VIII raconte comment Lantier, en l'espace de deux ans, conquiert une influence de plus en plus grande sur la famille : au début simple visiteur, il est devenu l'amant de Gervaise à la fin du chapitre, et le maître de la maison.

L'engrenage de l'alcoolisme

Pour signifier la plongée de Coupeau dans l'alcoolisme, le romancier raconte un long épisode de « bordée » dans les restaurants et les bistrots parisiens (p. 273-281). Dans une écriture qui cherche la variété et le pittoresque, le passage décrit la virée des alcooliques, de petits verres en petits plats, au hasard des humeurs et des rues.

Le romancier y étudie aussi les comportements des ouvriers en goguette : lâcheté devant la boisson, lien immédiat entre l'alcoolisme et la fainéantise, mauvaise influence des copains ivrognes qui s'encouragent mutuellement au vice.

CHAPITRE IX (pages 286 à 323)

Le « nettoyage de la boutique »

RÉSUMÉ

Le quartier critique Gervaise mais excuse Lantier. Les Lorilleux font parler Nana. Maman Coupeau raconte ce qui se passe à Goujet : il est très malheureux.

Très mécontente du travail de Gervaise et de son manque de ponctualité, Mme Goujet lui retire sa pratique. Toutes les clientes s'en vont, ce qui n'émeut pas la blanchisseuse, uniquement préoccupée de sa tranquillité. Une année passe avec des hauts et des bas. La déchéance morale de Gervaise s'accompagne d'une déchéance physique. Elle ne se lave même plus, se met à boire, fait 500 francs de dettes dans le quartier, dont six mois de loyer au propriétaire. Lantier cherche un autre gîte. Il suggère à Virginie, qui désire ouvrir une boutique de confiserie, de louer celle de Gervaise, ce que celle-ci refuse avec violence. Maman Coupeau meurt. Dispute autour des obsèques. Les Lorilleux refusent de payer leur part dont Gervaise se charge en empruntant à Goujet. Celui-ci, au cours de l'enterrement, lui signifie que tout est fini entre eux. Gervaise, désespérée, abandonne sa boutique à Virginie dont Lantier devient le « pensionnaire ».

REPÈRES POUR LA LECTURE

La chute de Gervaise : de la négligence à l'abjection

La ruine des Coupeau s'accélère : le ménage s'effrite. Tous leurs biens commencent à être mangés, au sens propre du terme, puisqu'ils mettent ce qu'ils possèdent au Mont-de-Piété pour acheter de la nourriture. Cette institution, où partent peu à peu tous les objets du ménage, prend dans leur vie une importance considérable. L'enlisement de la blanchisseuse dans la négligence et la paresse s'accentue. L'analyse psychologique est fine : la honte de Gervaise joue un rôle décisif dans son relâchement. Celle-ci connaît deux moments de honte très forte : quand Mme Goujet lui retire sa pratique et la gronde sévèrement, puis quand le jeune forgeron lui signifie que tout est fini entre eux. Ces derniers coups portés à sa dignité la précipitent dans le désespoir et l'abjection (voir ci-dessous p. 46 et 76).

Le ménage à trois : un thème tragi-comique

La situation scabreuse de l'héroïne est traitée entre rire et larmes : le ménage à trois est un motif de la comédie de boulevard. On retrouve dans *L'Assommoir* plusieurs traits qui appartiennent à la comédie : l'absence de sens moral des personnages, le comique de caractère de ces deux « pachas » qui se liguent contre leur femme commune. Le comique de situation n'est pas absent : Gervaise, sortant une nuit du lit de Lantier, croit sentir Coupeau lui donner une tape sur les fesses... Cependant, le comique vire au drame : Gervaise s'épuise, exploitée et brutalisée par ses deux « maris », et sa détresse grandit.

CHAPITRE X (pages 324 à 359)

Une existence misérable

RÉSUMÉ

Les Coupeau vivent désormais « sous les toits, dans le coin des pouilleux » (p. 302), au sixième étage de la grande maison. Coupeau est embauché à Étampes pour trois mois. Il revient « guéri un moment par l'air de la campagne » et rapporte 400 francs. Cette somme permet d'acquitter les loyers en retard et les plus grosses dettes. Gervaise a été réengagée comme repasseuse par Mme Fauconnier. Elle reprend espoir. Seules la chagrinent les relations de Lantier et de Virginie. Mais Coupeau se remet à boire.

Nana a treize ans : elle fait sa communion en juin. On fête l'événement chez les Poisson qui pendent la crémaillère. Nana entre comme apprentie dans l'atelier de fleuriste où travaille sa tante, Mme Lerat.

Deux années s'écoulent. Les Coupeau s'enfoncent dans la misère et la débauche. Les hivers surtout sont terribles, pour eux comme pour toute la maison (voir lecture méthodique 5, p. 117). Malgré sa détresse, Gervaise plaint plus malheureux qu'elle : le vieux Bru qui meurt de faim et de froid ; la petite Lalie Bijard, une fillette de dix ans qui remplace sa mère morte à la tâche d'un mauvais coup de pied donné par son mari, et qui supporte, à son tour, sans se plaindre, les odieuses tortures de son père, rendu fou par l'eau-de-vie.

Coupeau fait un premier séjour à l'hôpital Sainte-Anne. Il a de terribles cauchemars. Il sort guéri, mais, revenu chez lui, il recommence à boire. Gervaise est désespérée. Les deux époux en arrivent à se battre. Gervaise se met à boire de l'eau-de-vie chez le père Colombe, où elle est allée retrouver son mari (voir lecture méthodique 6, p. 122).

REPÈRES POUR LA LECTURE

La communion de Nana : un tableau sociologique

Dernière grande étude sociologique du roman, la première communion est comprise par les ouvriers comme une cérémonie de passage à l'âge adulte : la signification religieuse du rite reste au second plan, même si une émotion factice règne pendant la cérémonie. Les adolescentes, pour qui compte d'abord leur belle robe blanche, sont habillées comme des mariées. Pendant le repas, on décide de la profession de Nana, désormais considérée comme une adulte. Le repas surtout est détaillé, car c'est le principal rite de la fête populaire.

CHAPITRE XI (pages 360 à 389)

Nana

RÉSUMÉ

Nana, qui a quinze ans, est devenue ouvrière. Elle travaille toujours dans le même atelier que sa tante qui prétend la surveiller. Elle gagne quarante sous par jour. Pour cette « jolie pépée » blonde, « très blanche de chair, très grasse », aguicheuse et coquette, l'atelier est, après la rue, une école du vice. Un monsieur âgé, à l'air « si convenable », un fabricant de boutons, vient l'attendre à la sortie du travail et la suit jusque dans les escaliers de la grande maison. Chez elle, elle trouve la faim, le froid, les coups, des parents ivres, l'injustice. Elle se sauve un soir où les Coupeau sont dans un état abominable. Elle revient et repart plusieurs fois, ramenée par son père ou par la misère, jusqu'au jour où, un soir d'hiver, elle quitte définitivement la rue de la Goutte-d'Or. Lantier l'apercevra, bien mise, en voiture. Elle devient vite la célèbre fille entretenue dont Zola décrit peu après la vie dans le roman qui porte son nom (*Nana,* 1880).

Gervaise ne travaille plus. Elle gagne quelques sous comme laveuse et en lavant, une fois par semaine, le sol de son ancienne boutique sous les regards de Virginie et de Lantier, qui la traitent durement. Gros et gras, Lantier a déjà presque « nettoyé le commerce des Poisson ».

Quant à Coupeau qui, en trois ans, a fait sept séjours à l'hôpital Sainte-Anne, il est, à quarante ans, une loque morale et physique.

REPÈRES POUR LA LECTURE

Le roman de Nana : une description réaliste

La fin de *L'Assommoir* constitue le début d'un autre roman, celui de Nana. La fille des Coupeau a grandi à l'école de la rue (voir ci-dessous p. 41). Les chapitres XI et XII sont un roman d'initiation amoureuse : les descriptions de Nana rôdant sur les trottoirs avec ses amies, à la recherche de galants, les scènes de danse folle dans les bastringues, les descriptions de l'atelier, les conversations grivoises avec les autres jeunes filles, sont toutes d'un très grand réalisme. Pourtant, au-delà de la visée réaliste, ces pages sont un hymne à la vitalité de la jeunesse, à cette vie qui recommence à chaque génération, malgré l'échec des parents, malgré le vice qui guette.

La faim

RÉSUMÉ

Les Coupeau ont tout vendu. Ils n'ont plus qu'un tas de paille comme lit. Battue par son mari, Gervaise en est réduite à faire les poubelles pour manger. La petite Lalie Bijard meurt, martyrisée par son père.

Un samedi soir de neige, Gervaise, qui n'a rien mangé depuis plusieurs jours, se décide à aller emprunter quelques sous aux Lorilleux. Ils les lui refusent. Elle essaie alors de mendier, comme le fait le vieux père Bru, qu'elle rencontre. C'est la fin de la journée, les ouvriers rentrent. Gervaise revoit l'hôtel Boncœur, où elle a habité à son arrivée à Paris. Elle repense à toute sa vie, à ses rares moments de bonheur, à ses rêves, à ce qu'elle est devenue. Tenaillée par la faim, elle se mêle aux nombreuses prostituées des boulevards. Seul Goujet s'arrête. Il l'amène chez lui et lui donne à manger. Bien qu'elle soit devenue « laide et grosse à donner envie de pleurer », il l'aime toujours. Ils se disent un dernier adieu. Gervaise, pleine de honte et découragée, souhaite le sort de Lalie Bijard et demande au croque-mort Bazouge de l'emporter.

REPÈRES POUR LA LECTURE

Le monologue intérieur de Gervaise

La longue errance de Gervaise sur les boulevards est une des scènes les plus fortes du roman. Elle montre l'avilissement pathétique de l'être humain, quand il n'est plus rien d'autre que sa faim. Chez cette créature exténuée, l'épuisement et le désespoir se disent avec une intensité inouïe, par le biais du discours indirect libre, qui restitue fidèlement le monologue intérieur du personnage. Sans souci de réalisme, la narration multiplie les signes du destin : le retour à l'hôtel Boncœur fait faire à Gervaise un bilan noir de sa vie ; la rencontre avec le père Bru, puis avec Goujet, renvoient à Gervaise l'image de son effroyable déchéance.

La mort de Lalie : une scène pathétique

La mort de cette enfant courageuse et innocente est un des moments les plus pathétiques du roman. Zola voulait faire pleurer ses lecteurs : les scènes où son ivrogne de père, rendu fou par l'alcool, déchaîne sur elle sa violence, sont particulièrement insoutenables. Avec l'agonie de l'enfant, et la description de son petit corps déchiré de coups, le comble de l'horreur est atteint.

CHAPITRE XIII (pages 430 à 445)

Épilogue

RÉSUMÉ

1868. Gervaise n'a plus aucune ressource. On lui apprend que Coupeau, qui n'est pas rentré depuis une semaine, est hospitalisé à Sainte-Anne. On l'a repêché dans la Seine où il s'était jeté du Pont-Neuf. Elle s'en désintéresse d'abord, furieuse d'apprendre qu'il s'est enivré avec Mes-Bottes pendant huit jours. Elle finit par aller le voir : il est la proie de terribles crises de *delirium tremens*. Description du mal de Coupeau qui gagne peu à peu tout le corps. Seule la mort, au bout de plusieurs jours de souffrances et de délire, arrête le tremblement qui agite tous ses membres.

Un autre événement occupe bientôt le quartier : le ménage Poisson va de mal en pis, les huissiers sont venus. Lantier, qui a « mangé » la confiserie de Virginie, « tourne autour de la fille du restaurant d'à côté, une femme magnifique » qui reprend la boutique.

Gervaise, demi-hébétée, précocement vieillie et difforme, survit encore quelques mois. Dès qu'elle a quelques sous, elle les boit. Expulsée de sa chambre dont elle ne peut plus payer le loyer, elle succède au père Bru dans la niche, sous l'escalier. On trouve son cadavre un matin de 1869 : elle est morte depuis deux jours. Le père Bazouge l'emporte enfin.

Le *delirium tremens* : une scène naturaliste

Pour l'observation des symptômes du *delirium tremens* de Coupeau, Zola s'est entièrement fondé sur des études médicales. La description du malade en proie au délire est d'une remarquable exactitude clinique. Surtout, le passage possède une grande force dramatique : Zola met l'accent sur les souffrances endurées par le malade. Le délire qui envahit Coupeau n'est qu'angoisse, les visions qui l'obsèdent sont horribles. Certains détails frappent l'imagination, comme ses pieds qui continuent à sauter dans le sommeil. Pourtant, la tragédie de la folie est aussi dérisoire : en sortant de Sainte-Anne, Gervaise imite les gestes et les cris du malade, en les parodiant de façon grotesque, devant un public qui jouit intensément de ces horreurs.

La mort comme refuge

Au dernier chapitre, Gervaise retrouve le père Bazouge, le croque-mort qui lui faisait à la fois peur et envie. Leur dernière rencontre voit l'accomplissement du vœu de Gervaise. Le texte se termine sur les paroles du croque-mort, qui berce Gervaise morte : « Fais dodo, ma belle ! » La mort apparaît ainsi comme le seul refuge des miséreux.

DEUXIÈME PARTIE

Problématiques essentielles

1 | Zola et son temps

AIX-EN-PROVENCE (1843-1858)

Né à Paris le 2 avril 1840, Émile Zola a vécu à Aix-en-Provence de 1843 à 1858. Son père, brillant ingénieur d'origine italienne, y construisait un système de barrage et de canaux pour alimenter la ville en eau, mais il meurt le 27 mars 1847, laissant sa famille dans une situation matérielle difficile.

Zola entre comme boursier au collège Bourbon, fréquenté par les fils de la bourgeoisie. Il fait l'expérience de l'inégalité sociale. Il se lie avec Paul Cézanne, le futur peintre. Les adolescents supportent mal l'atmosphère de la petite ville provinciale et l'enseignement qu'ils reçoivent axé sur l'apprentissage du grec, du latin et de la rhétorique. Mais ils découvrent Lamartine, Hugo, Musset et font d'interminables promenades dans la campagne aixoise.

LES APPRENTISSAGES (1862-1870)

Mme Zola se fixe à Paris en 1858. Zola entre au lycée Saint-Louis où il devient un « fort médiocre » élève. La situation de la famille s'aggrave. « Être pauvre à Paris, c'est être pauvre deux fois », s'exclame Saccard dans *La Curée*, souvenir de Zola. Dans ces maisons habitées par des employés et de petits artisans, il emmagasine images, odeurs, petits faits vrais. Ses romans sur le peuple en sont nourris. Il échoue au baccalauréat en 1859 puis cherche, sans succès, un emploi et mène pendant deux ans une vie insouciante, malgré le manque cruel d'argent. Il lit, écrit des milliers de vers imités de Musset et des contes de fées.

La publicité

En 1862, il entre chez Hachette. Chef de la publicité, il s'occupe des relations avec la presse. Il voit fonctionner une grande entreprise commerciale, mesure l'importance prise par la publicité, apprend le sens du public, du sujet à traiter, pénètre les rouages du monde de l'édition et de la presse. Il se fait de nombreuses relations parmi les auteurs de la maison (Taine, Littré, Sainte-Beuve) et les journalistes. Il croit à la science, au progrès, à la conquête de l'univers par le savoir. Il prend conscience de l'importance de l'éducation. Il en fera un thème essentiel de son œuvre.

Le journalisme

En 1866, il devient journaliste. Pendant des années, il écrit des centaines d'articles de critique littéraire, artistique, dramatique, des chroniques, des articles d'opinion. Expérience capitale pour la pratique de l'écriture. Il engrange un savoir énorme : faits divers, idées de personnages, scènes, sujets, etc. Il a pour amis des peintres, Pissarro, Guillemet, Manet, Monet, Sisley, Renoir, Fantin-Latour. Il les défend dans des articles qui font scandale. Il loue Manet, alors quasi unanimement décrié. Il publie ces textes sous le titre « Mon Salon » (1866).

En 1868, Zola collabore à des journaux d'opposition républicaine. Il attaque Napoléon III, dénonce le luxe insolent des nantis, les scandales, la misère grandissante, demande des réformes. À Bordeaux, en 1871, il fait pour le journal *La Cloche* le compte rendu des séances de l'Assemblée.

LES ROUGON-MACQUART (1871-1893)

En 1867, il publie *Thérèse Raquin*. En 1868, il a l'idée de composer une fresque qui concurrencerait *La Comédie humaine* de Balzac, qu'il admire : *Les Rougon-Macquart, Histoire naturelle et sociale d'une famille sous le Second Empire*. Le premier des vingt volumes, *La Fortune des Rougon*, paraît en 1871, le dernier, *Le Docteur Pascal*, en 1893. Il écrit des nouvelles, des pièces de théâtre et des dizaines d'articles. Il se lie avec des écrivains : Flaubert, Goncourt, Daudet, Tourgueniev, Mallarmé.

Par ailleurs, Zola multiplie les articles pour défendre sa conception de la littérature. Il passe bientôt aux yeux de l'opinion pour le chef de l'école naturaliste[1]. Les jeunes écrivains viennent à lui. Il est célèbre en France comme à l'étranger. Grâce au succès de *L'Assommoir*, il achète à Médan, petite commune des bords de Seine à 40 km à l'ouest de Paris, une maisonnette qu'il fait agrandir. Le village, désormais célèbre, est associé au naturalisme.

En 1880-1881, Zola traverse une grave crise. Il est profondément affecté par la mort de Flaubert, le maître et ami vénéré, et par celle de sa mère. Ses liens avec Goncourt et Daudet, jaloux de son succès, se distendent.

LE TOURNANT DES ANNÉES 1890

Zola est de plus en plus attaqué. Le moment n'est plus au naturalisme, mais à la réaction néo-mystique, au symbolisme, au roman psychologique, aux œuvres de Paul Bourget, par exemple. Sur le plan personnel, sa vie est bouleversée : il tombe amoureux de Jeanne Rozerot, une jeune lingère qui lui donne deux enfants, Denise (1889) et Jacques (1891). *Les Rougon-Macquart* à peine achevés, il compose *Les Trois Villes : Lourdes* (1894) ; *Rome* (1896) ; *Paris* (1898). Ce parcours géographique est surtout celui d'un « bilan religieux, philosophique et social du siècle ».

En 1888, il a découvert la photographie et prend des milliers de clichés, souvent admirables.

---

1. Groupe d'écrivains connus (Zola, les Goncourt, Daudet, etc.) ou moins connus (Alexis, Céard, Hennique, Huysmans, Maupassant, Mirabeau, etc.) qui, entre 1865 et 1885 et par opposition aux romanciers de l'idéal (Octave Feuillet, Jules Sandeau), prirent le réel pour sujet, peignant toutes les classes sociales, y compris le peuple, en s'appuyant sur les découvertes de la médecine et de la physiologie.

L'AFFAIRE DREYFUS
ET LES DERNIÈRES ŒUVRES

Zola remet en question aisance et notoriété, en prenant parti pour le capitaine Dreyfus. Il dénonce les odieuses campagnes de la presse contre la République et les juifs. Le 13 janvier 1898, il publie, dans le journal *L'Aurore*, le célèbre article « J'accuse ». Condamné à une lourde amende et à un an de prison, il s'exile en Angleterre où il restera un an.

Il se remet au travail, commence une nouvelle série, *Les Évangiles, Fécondité, Travail, Vérité, Justice,* dans laquelle il bâtit la cité idéale et qu'il laisse inachevée.

Il meurt asphyxié le 29 septembre 1902 : la cheminée de sa chambre avait été bouchée, volontairement, pense-t-on d'après des témoignages crédibles, par des antidreyfusards. Son rôle pour le triomphe de la vérité étant enfin reconnu, ses cendres sont transférées au Panthéon le 6 juin 1906.

2 | Genèse et sources du roman

En 1868, Zola projette d'écrire une vaste fresque dans laquelle il rendrait compte de la société contemporaine et dirait la vérité sans rien voiler. Il refuse d'utiliser, comme les romanciers à la mode de son temps, « la pommade de l'idéal », le « sirop du romanesque », d'être un « faiseur de roman » ou un « bâcleur de feuilleton ».

Le romancier a un rôle social à jouer : il doit analyser la société et les hommes, les étudier avec franchise, car « c'est de la connaissance seule de la vérité que pourra naître un état social meilleur[1] ».

LA FAMILLE DES ROUGON-MACQUART

Pour se différencier de Balzac, Zola fait cette étude à travers une famille, qu'il divise en deux branches issues d'Adélaïde Fouque : la légitime, les Rougon, et la bâtarde, les Macquart. Ses membres irradient dans toutes les couches de la société, à Paris et en province.

Zola se donne deux fils conducteurs : l'influence de l'hérédité (dans *L'Assommoir*, par exemple, les conséquences de l'alcoolisme sur Gervaise et Coupeau) ; l'influence sociale et physique des milieux (époque, lieu de résidence, métier, famille) sur les individus.

Sa méthode est celle du savant qui constate et explique : « Libre ensuite aux législateurs et aux moralistes de prendre mon œuvre, d'en tirer des conséquences et de songer à panser les plaies que je montrerai[2] », précise-t-il.

---

1. « Notes générales sur la nature de l'œuvre », Bibliothèque nationale, ms. NAF 10345, f° 5.
2. Notes préparatoires conservées à la Bibliothèque nationale, département des Manuscrits.

Le romancier doit donc avoir l'attitude du savant, de l'expérimentateur, du greffier, mais il reste un artiste. Et « l'artiste se place devant la nature, il la copie en l'interprétant, il est plus ou moins réel selon ses yeux ». Dès 1865, Zola met ainsi l'accent sur l'originalité de l'artiste, sur sa vision personnelle, et définit l'œuvre d'art comme « un coin de la création vu à travers un tempérament[3] ».

L'ASSOMMOIR
DANS *LES ROUGON-MACQUART*

En 1868, Zola prévoit d'écrire dix romans, parmi lesquels un roman ouvrier : la « peinture d'un ménage d'ouvriers à notre époque. Drame intime et profond de la déchéance d'un travailleur parisien sous la déplorable influence du milieu des barrières (c'est-à-dire des portes de Paris) et des cabarets ». Ce sera *L'Assommoir*, septième roman des *Rougon-Macquart*, qui en compteront, finalement, vingt.

L'œuvre paraît d'abord en feuilleton en 1876, puis en volume en 1877. Zola centre chaque volume sur un des membres de la famille. Mais, si chacun des *Rougon-Macquart* peut se lire indépendamment des autres, il n'en est pas moins lié à la série. *L'Assommoir* est un maillon de cette histoire sociale.

Gervaise, fille d'Antoine Macquart, apparaît déjà dans *La Fortune des Rougon* (1870-1871), premier roman de la fresque qui présente la famille. Elle a quatre enfants, Étienne, futur héros de *Germinal*, Claude, le peintre génial de *L'Œuvre*, Nana, l'héroïne du roman qui porte son nom, et Jacques, qui n'apparaît pas dans *L'Assommoir*, mais que Zola lui donne ultérieurement parce qu'il a besoin d'un meurtrier par hérédité pour *La Bête humaine*.

Gervaise a également une sœur, Lisa Quenu, riche charcutière aux Halles, et des cousins, Saccard, homme d'affaires influent, Octave Mouret, le patron du grand magasin *Au Bonheur des Dames*, Eugène Rougon, grand dignitaire de l'Empire, qu'elle ne voit pas. Zola y fera des allusions dans *L'Assommoir*, ce qui donnera de la profondeur au roman et le rattachera à la fresque.

_____

3. Voir l'article « Proudhon et Courbet », recueilli dans *Mes Haines*.

UN SUJET D'ACTUALITÉ

Le problème ouvrier se pose alors de façon aiguë. Le droit de coalition[4] rétabli en 1864, de nombreuses grèves éclatent dans toute la France, en particulier à Paris. L'ouvrier n'en est pas pour autant entré à part entière dans la littérature. Balzac n'en a parlé qu'incidemment. George Sand a introduit dans ses romans des travailleurs, mais sa vision manque de réalisme. *Les Misérables,* parus en 1862 avec succès, ne sont pas une peinture de la classe ouvrière.

Mais un mouvement se dessine depuis 1850 vers plus de réalité. Edmond et Jules de Goncourt souhaitent – dans la préface de *Germinie Lacerteux,* œuvre que Zola admire avec chaleur – faire entrer le peuple dans la littérature. Au même moment, les peintres qu'aime et défend Zola, Courbet, Cézanne, Manet, Monet, Pissarro, Renoir, Degas et leurs amis, prennent comme sujet de leurs toiles la vie de tous les jours. Ils peignent sur le motif les rues de Paris, leurs foules, les gares, les repasseuses, les casseurs de pierres, etc.

En songeant à faire un « roman ouvrier », Zola aborde donc un sujet d'actualité et un domaine de la littérature qui est encore presque complètement inexploré, mais qu'il connaît.

Zola a vécu plusieurs années au milieu d'ouvriers et de petits artisans, et comme eux (voir ci-dessus, p. 28), il a fait l'expérience du froid, de la faim, du Mont-de-Piété, des menaces d'expulsion, du chômage. Bien des pages de *L'Assommoir*, en particulier le chapitre X, tirent de ces souvenirs un accent de vérité poignant. Il a déjà dénoncé, dès ses premières œuvres, avant même d'avoir conçu *Les Rougon-Macquart*, dans des articles de journaux et des nouvelles, l'injustice sociale, la misère, le luxe insolent des parvenus.

LA DOCUMENTATION

Pour composer ses œuvres, Zola suit une « méthode » (le mot est de lui et il y tient). Avant de rédiger un roman, il constitue ce qu'on

---

4. Ce droit permettait une entente entre ouvriers, commerçants, industriels dans un but économique ou professionnel.

appelle un dossier préparatoire[5]. Ce sont des réflexions générales sur l'œuvre à venir (l'« Ébauche », titre donné par l'écrivain), sur les personnages (il fait une fiche pour chacun), les plans des chapitres et des informations sur le milieu abordé. Il se documente dans des livres, auprès d'amis ou de spécialistes, il va enquêter sur le terrain.

Pour *L'Assommoir*, on trouve :

– des notes prises sur des ouvrages médicaux étudiant les méfaits de l'alcoolisme sur l'organisme humain ;

– des listes de mots (plusieurs centaines) qu'il recopie dans le *Dictionnaire de la langue verte* d'Alfred Delvau et qu'il utilisera en grande partie, rayant au fur et à mesure ceux qu'il a employés ;

– une documentation technique précise concernant les métiers qu'il décrit : fleuriste, blanchisseuse, couvreur, boulonnier, chaîniste, laveuse. Il peut ainsi nous donner un document excellent sur la vie ouvrière de l'époque (outils, prix, salaires, conditions de travail, etc.). Il réhabilite le travail manuel, ce qui est, à l'époque, tout à fait nouveau ;

– des notes qu'il a prises au cours de promenades dans le quartier de la Goutte-d'Or et qui sont comme les carnets d'esquisses que remplissent les peintres sur le motif ;

– des notes – treize pages – sur l'ouvrage publié par un ancien ouvrier devenu patron, Denis Poulot : *Question sociale, Le Sublime ou le Travailleur comme il est en 1870 et ce qu'il peut être*. Il s'est à ce point inspiré de cette source qu'on a pu parler de plagiat. Il en a retenu l'esprit général : dangers de l'alcoolisme, urgence des mesures à prendre pour éviter une explosion sociale. Il a repris la classification des ouvriers selon leur degré d'alcoolisme (ouvriers vrais, comme Goujet, mixtes, comme le premier Coupeau, et sublimes, comme Bibi-la-Grillade, Bec-Salé), leur manière de travailler, leurs habitudes.

---

5. Les dossiers préparatoires des *Rougon-Macquart* sont conservés à la Bibliothèque nationale, à Paris. On en trouvera des extraits dans les collections « La Pléiade » des éditions Gallimard, et « Bouquins » des éditions Robert Laffont.

3 | Les personnages

Hormis Gervaise et, à un moindre titre, Coupeau, les personnages de *L'Assommoir* sont, en gros, classés en deux catégories, les bons et les méchants, selon le manichéisme[1] moral et psychologique des romans populaires, aisément lisible et qui n'est pas sans force.

Le système des personnages s'organise autour de Gervaise, figure centrale. Il y a ceux qui nous sont sympathiques parce qu'ils lui veulent du bien, ainsi Goujet, le grand géant à la barbe blonde, et les autres, qui nous font peur dans la mesure où ils peuvent lui nuire. Lantier, aux cheveux noirs comme le sont ses desseins, est toujours du côté des méchants antipathiques ; Coupeau passe d'une catégorie à l'autre au moment où il se met à boire de l'eau-de-vie. C'est lui qui, à chaque étape de sa déchéance, entraîne Gervaise, d'où son rôle néfaste sur la jeune femme.

Zola a voulu faire des personnages les produits d'un certain milieu. Plus exactement, ils sont les résultats de l'hérédité et de l'action physique et sociale que leur milieu exerce sur eux. Par « milieu », Zola entend les conditions de vie (famille, logement, environnement), les conditions de travail, ainsi que le moment historique.

Quelques figures (comme Gervaise, Lantier, Coupeau, Goujet) se détachent sur un ensemble d'autres, caractérisées par un ou deux traits physiques ou moraux, très aisément reconnaissables. Zola désigne ces comparses, le plus souvent, par un terme général : « la noce » ou « la société », pour les invités de la noce de Gervaise et Coupeau ; « la rue », « le quartier », pour signifier à la fois un groupe social et l'espace dans lequel ce groupe habite.

---

1. *Manichéisme* : tout système d'explication qui oppose de façon trop tranchée le bon et le mauvais.

Sa vie

Gervaise est la fille de Joséphine Gavaudan et d'Antoine Macquart. Si elle boite, c'est qu'elle a été « conçue dans l'ivresse, sans doute pendant une de ces nuits honteuses où les époux s'assommaient[2] ». Mise au travail très tôt, exploitée à son tour par son père qui la bat et lui vole ce qu'elle gagne, Gervaise songe à « s'amuser dehors » (chap. I, p. 48). À quatorze ans, elle a, avec Lantier, un premier fils, Claude, puis, à dix-huit ans, un second, Étienne.

Lorsqu'on retrouve Gervaise, abandonnée par Lantier dans un hôtel meublé misérable du quartier de la Goutte-d'Or, c'est une marginale : elle n'est pas mariée, elle est seule avec deux enfants. C'est une provinciale déracinée à Paris. Elle a bien une sœur, Lisa Quenu, qui tient une charcuterie dans le quartier des Halles[3] et des cousins (Aristide Eugène et Sidonie Rougon[4] ; Octave Mouret[5]), mais elle n'a aucune relation avec eux. Au fil des ans, sa solitude va s'accentuer. À la fin du roman, Gervaise est totalement seule, comme le père Bru, dont elle suit le destin. Zola souligne la désorganisation de la famille et dénonce la misère des vieux ouvriers sans ressources.

Portrait physique et moral

Gervaise est une jolie blonde, attirante malgré sa légère claudication que l'âge et la misère accentueront. Sous son apparence frêle, elle est dure au travail comme sa mère, courageuse, très bonne ouvrière, qui ne songe qu'à «travailler tranquille» (chap. II, p. 69).

Malgré toutes ses qualités, et même si elle paraît, un moment, réaliser son rêve, Gervaise échouera. Elle est trop faible : elle ne sait pas refuser, parce qu'elle ne veut pas d'histoire, par lâcheté. Sa vie est une suite de laisser-aller : elle accepte d'épouser Coupeau, alors qu'elle s'était promis de ne jamais se remettre en ménage ; elle accepte qu'il

---

2. *La Fortune des Rougon,* chap. IV, p. 167.
3. Voir *Le Ventre de Paris.*
4. Voir *La Curée, Son Excellence Eugène Rougon, L'Argent.*
5. Voir *Au Bonheur des Dames.*

ne travaille pas après son accident, elle l'entretient et même le pousse à fainéanter ; elle accepte que Coupeau accueille Lantier chez elle pendant la fête ; elle cède à son ancien amant ; elle se laisse aller à la gourmandise et bientôt se met à boire, alors qu'elle avait dit sa peur de l'alcool et avait juré ne plus jamais s'y abandonner.

Autres défauts qui vont la perdre : elle en fait toujours trop, elle n'a pas de mesure. La fessée qu'elle inflige à Virginie est si violente que celle-ci, profondément blessée, quitte le quartier et va méditer la plus terrible des vengeances. Elle veut écraser, par sa fête, les Lorilleux ; elle s'en fait des ennemis acharnés. Elle révolutionne le quartier en faisant peindre sa boutique en bleu, en faisant de (trop) belles obsèques à Maman Coupeau, alors qu'elle est couverte de dettes. Elle « tient salon », dit-on méchamment. Comme Emma Bovary, elle refuse sa condition. Elle est, comme les autres membres de la famille, obsédée par un rêve d'ambition. Mais elle n'est pas armée, comme sa sœur Lisa, pour le mener à bien.

Elle n'a, en effet, jamais compris les règles de la société dans laquelle elle souhaite s'insérer et qui est régie par la loi du plus fort. Mais elle est, aussi, condamnée par Zola comme femme. Elle est la proie de ses nerfs et de son corps. Elle se laissera dévorer par « ses » deux hommes, son mari et son amant. Après elle, ce sera le cas de Virginie, puis de « la fille du restaurant d'à côté », qui, l'une après l'autre, seront « mangées » par Lantier.

▌Son rôle dans le récit

Dès le début de *L'Assommoir,* le personnage s'impose. Elle incarne l'ouvrière, et même, la condition ouvrière. Tout le roman est centré sur elle. Zola « se débarrasse » vite (c'est son expression) de ses deux garçons. Il ne garde que Nana parce que son existence, qui redouble en quelque sorte celle de sa mère, est aussi exemplaire de ce qu'un type de société peut faire d'une femme.

Zola avait prévu d'intituler son œuvre : « La simple vie de Gervaise Macquart ». Gervaise est omniprésente : elle est liée à tous les personnages, elle est dans toutes les intrigues. Ce rôle apparaît nettement au chapitre VII, central, où sont réunis autour de la blanchisseuse, pour sa fête, dans sa boutique, tous les personnages. Ajoutons que tout est vu, ressenti, raconté par elle, avec sa psychologie propre et dans sa langue. Tout tourne autour d'elle ; tous les personnages jouent un rôle dans son histoire, même les plus insignifiants comme les figures presque anonymes des commerçants du quartier ou le père Bru.

LANTIER

Zola en fait « un gredin », un être antipathique. Physiquement et moralement, il est à l'opposé de Goujet. Ce méridional brun, bien de sa personne, beau parleur, est ambitieux mais fainéant. Ouvrier chapelier, ne travaillant jamais, ne tenant jamais ses promesses, il aime la belle vie, les femmes avec lesquelles « il sait y faire », et par lesquelles il se fait entretenir. C'est un habile qui met le quartier de son côté, y compris les Lorilleux, par des paroles gentilles, des visites, des cadeaux de peu de valeur. Quoi qu'il fasse, on ne lui donne jamais tort. C'est Gervaise qui est accusée d'inconduite.

Il possède quelques livres dépareillés, lit les journaux, pérore sur la politique, ce qui impressionne à la Goutte-d'Or où on ne sait, souvent, ni lire ni écrire et où on se désintéresse des affaires publiques. Avec Lantier, Zola dénonce les demi-savants, dangereux par leur savoir mal digéré, un de ses thèmes favoris. Avant tout égoïste, il n'éprouve aucune pitié pour qui ne peut plus lui servir (ainsi Gervaise) : on comprend que Zola le compare souvent à un chat ou à un pacha.

COUPEAU

Dans les premiers chapitres, Coupeau représente le type conventionnel de « l'ouvrier parisien gouailleur et rigolo ». C'est un bon artisan zingueur, qui se méfie de l'alcool, d'où son surnom de Cadet-Cassis, parce qu'il prend « généralement du cassis » quand ses camarades l'emmènent « de force chez le marchand de vin » (p. 71). Son père s'est tué en tombant d'un toit un jour d'ivresse. « La mâchoire inférieure saillante, le nez légèrement écrasé, il [a] de beaux yeux marron, la face d'un chien joyeux et bon enfant » (p. 63). Zola le compare volontiers à un singe, à cause de son physique et de son habileté à travailler sur les toits. Avant d'épouser Gervaise, il prend ses repas chez sa sœur, Mme Lorilleux, devant qui il est comme un petit garçon, ce que regrettera souvent sa femme.

Il prend vite une profondeur attachante. « La progression de son caractère nous semble remarquable, commente Marcel Girard, notamment quand les monstres latents s'éveillent peu à peu en lui, après son accident, par suite de l'inaction, puis de l'ennui, puis de la paresse ; comment il est tenté par les "paradis artificiels" qui sont à sa portée, le vin et l'alcool, le recours systématique à l'ivresse pour changer le monde, qui l'amène au *delirium tremens* dont Zola nous donne une analyse d'un intérêt non seulement médical mais humain. Il y a là un vrai chef-d'œuvre de psychologie pathologique ».

Coupeau est à l'opposé de Lantier. Il est mené par le chapelier qui en fait ce qu'il veut et qui le pousse même à boire pour mieux s'installer dans le ménage. Mais, alors que Coupeau s'enivre, Lantier sait toujours s'arrêter à temps. Avec Coupeau, Zola étudie les conséquences psychologiques d'un accident de travail : le zingueur a désormais peur de remonter sur un toit. Il analyse surtout les ravages causés par l'alcoolisme, en montrant l'entraînement à boire, l'accoutumance, en suivant les étapes de la déchéance physique et morale jusqu'à la mort terrible. Coupeau a d'abord l'ivresse bon enfant, tant qu'il ne boit que du vin ; il devient méchant et dégoûtant quand il s'enivre à l'eau-de-vie. « Le montrer gentil, généreux, bon ouvrier, dès le début ; puis, en dix-neuf ans, en faire un monstre au physique et au moral, par une pente à expliquer. Étudier l'effet du milieu sur lui », note Zola dans son dossier préparatoire. Coupeau entraîne Gervaise à chaque étape de sa chute. « C'est toujours lui qui descend un degré avant elle et qui la pousse », précise le romancier quand il pense à ses personnages.

NANA

Avec Nana, Zola étudie la naissance d'une fille, de la magnifique fille dont il raconte la vie dans le roman qui porte son nom (1880). Dès sa petite enfance, Nana « s'annonce comme vaurienne finie ».

Elle règne sur les très nombreux enfants de la grande maison qu'elle habite, en « mademoiselle Jordonne », imagine des jeux « drôles », multiplie les bêtises. Sa communion faite, elle entre en apprentissage chez un fabricant de fleurs artificielles. Très coquette, aimant aguicher, peu portée au travail, elle abandonne vite l'atelier pour courir les bals. Elle se fait entretenir par de vieux messieurs riches. Lantier la rencontre un jour en voiture, portant une belle toilette, déjà « lancée ».

Avec Nana, Zola montre également l'influence néfaste du milieu, de la double éducation que reçoit la petite fille dans la famille et dans la rue. Dans les grandes maisons ouvrières, les ménages « pourrissent en tas », ils tournent souvent à l'ivrognerie, l'enfant vit dans un enfer de coups, de mots ignobles. À cet exemple s'ajoute ce qu'elle voit autour d'elle, dans la rue où elle est abandonnée « sans surveillance aucune, lâchée au milieu des curiosités mauvaises, sollicitée par des corruptions déjà grandes[6] ». Plus tard, elle finira d'être gâtée par la fréquentation de ses compagnes d'atelier. Elle se livre à la prostitution pour fuir les coups et la misère, manger tous les soirs, satisfaire des appétits de luxe et de vie heureuse.

Avec Nana, Zola étudie, aussi, les zones d'ombre de l'enfance, les jeux « interdits » – la petite fille, très vicieuse, aime « jouer au médecin » dans les caves –, l'éveil de la femme chez la fillette, les premières aventures, les premières coquetteries.

VIRGINIE

Gervaise est à l'opposé de Virginie, comme Lantier l'est de Goujet. Les portraits physiques et moraux des deux femmes sont antithétiques. Elles ont le même âge, mais la première, plus petite que la seconde, est blonde, d'apparence fragile, modeste, et elle boite. Virginie est grande, brune, elle se tient raide, balance ses hanches, a une allure volontiers provocante, du bagout. Quand elle revient dans le quartier, c'est « une femme superbe, découplée » (p. 196). Elle a épousé un sergent de ville, Poisson, et vient de toucher un petit héri-

---

6. Zola, « Comment elles poussent », *Le Figaro*, 21 février 1881.

tage. Elle est installée dans la vie ; la profession de son mari, un homme de l'ordre, lui donne du poids. Gervaise, au contraire, a beaucoup engraissé, Coupeau ne travaille plus et a commencé à boire : elle se laisse aller à la gourmandise, elle n'est plus la bonne ouvrière qu'elle a été. Elle retrouve Virginie justement au moment où Mᵐᵉ Goujet vient de lui faire une première réprimande. La « grande Virginie », on le sent tout de suite, l'emportera facilement sur Gervaise. Elle est habile à ourdir sa vengeance et à manœuvrer son adversaire. Zola l'indique par le nom qu'il lui donne, Virginie Poisson : elle sait « nager » en toutes circonstances. Autre indice à repérer : quand les deux femmes se retrouvent, Virginie porte un maquereau aux « ouïes saignantes » (chap. VI, p. 196). Le rouge – rouge sang – est sa couleur. Lors de sa première apparition au lavoir (chap. I), elle a « un ruban rouge au cou ».

Toutefois, la victoire de Virginie ne sera que passagère. Elle suit, en effet, exactement le même itinéraire que sa rivale : elle loge dans le même appartement qu'elle, rue Neuve-de-la-Goutte-d'Or, elle possède à son tour la même boutique, elle prend Lantier comme amant. Celui-ci se fait entretenir par elle (comme il l'a fait par Gervaise, la ruine), l'abandonne pour une nouvelle maîtresse qu'il installe dans la boutique. On peut imaginer que celle-ci aura, elle aussi, le destin de celles qui l'ont précédée. Dans ce monde dominé par la loi du plus fort, une femme est toujours exploitée et vaincue.

GOUJET

Ce forgeron est « un colosse […], superbe, les yeux bleus, d'une force herculéenne ». Il doit son surnom de Gueule-d'Or à « sa belle barbe jaune ». Goujet est le type du bon ouvrier. Il est sobre, en souvenir de son père qui, un jour d'ivresse, a tué un camarade à coups de barre de fer, puis s'est suicidé dans sa prison. C'est un « grand enfant » qui vit avec sa mère et qui s'amuse dans sa petite chambre blanche à regarder des images coloriées qu'il a découpées.

Très timide, il éprouve pour Gervaise un amour qu'il n'ose guère exprimer et qui reste platonique. Il n'épouse pas celle que sa mère lui a choisie et prête ses économies à la blanchisseuse. Quand il la voit malheureuse, il lui propose de partir avec lui à l'étranger, ce qu'elle refuse. Il ressent très douloureusement les chutes successives de celle qu'il continue à aimer, malgré tout.

Comme le suggère Jacques Dubois, on peut penser que Goujet symbolise, par rapport à la personnalité de Gervaise, « l'étage du haut », les valeurs entr'aperçues comme le courage au travail, l'honnêteté, la pureté, tandis que Lantier symboliserait « l'étage du bas », « les mauvais instincts », et Coupeau « le niveau médian », « mélange de bon et de mauvais »[7].

LES COMPARSES

Les personnages principaux sont entourés de nombreuses figures de personnages secondaires, dont plusieurs sont mieux dessinées que les autres. Ces comparses servent à donner une certaine vision de la condition ouvrière et des conséquences déplorables du milieu, ainsi qu'à peindre avec diversité et exactitude le travail des petits artisans. Ce ne sont pas, comme dans les œuvres des Goncourt, par exemple, des figures purement pittoresques. Ils jouent un rôle dans l'intrigue, à laquelle ils sont tous rattachés. On les retrouve aux côtés des personnages principaux dans un certain nombre de grandes scènes. Zola, avec un grand art du croquis, les cerne d'un trait vif et précis, les individualisant par une ou deux caractéristiques.

Dans ces portraits, comme dans les portraits des personnages principaux, Zola utilise les couleurs auxquelles il donne leur valeur symbolique habituelle : le blond (Gervaise ou Goujet) s'oppose au noir (Lantier ou Virginie), le roux (Mme Lorilleux) est maléfique. Il choisit, par ailleurs, les noms avec soin. Ce sont, à eux seuls, de véritables programmes : Mme Lerat, qui adore les sous-entendus égrillards, chante, lors de la noce de Gervaise, « La Souris » ; le père Colombe, le patron de l'Assommoir, n'a de blanc que sa face : c'est un pourvoyeur non de paix, mais de mort ; les Lorilleux, qui travaillent

---

7. Dubois J., *L'Assommoir d'Émile Zola,* Éd. Belin, 1993, p. 44.

l'or, habitent près du coin des pouilleux. Enfin, les personnages sont caractérisés par des métaphores animales. *L'Assommoir* est le roman de Zola où elles sont en plus grand nombre.

Par ces procédés, l'écrivain arrive à donner de l'épaisseur et du relief à tous ses personnages, même aux plus épisodiques. Il pose les problèmes de la condition ouvrière, en particulier à travers les Bijard et le père Bru.

▌Les Bijard

Elle, laveuse, se tue à la tâche. Lui, représente le type de l'ouvrier que l'abus d'alcool transforme en bête brute et rend fou. Il maltraite sa femme, puis sa fille, les rouant de coups jusqu'à les tuer. Zola peint avec des accents indignés le martyre de la petite Lalie, enfant parfaite, dont Gervaise admire les qualités et le courage. Après la mort de sa mère, elle élève ses deux frères et tient le ménage, malgré les sévices honteux que lui fait subir son père. Sa mort est un des moments les plus douloureux du roman.

▌Le père Bru

Type de l'ouvrier qui, ne pouvant plus travailler à cause de son âge et n'ayant pas de famille, est sans ressources. Zola pose, avec lui, le problème des vieux travailleurs en un temps où n'existait aucun système de protection sociale.

Autour de ces quelques figures gravitent les habitants de la grande maison locative, les commerçants du quartier, les compagnons de bordée de Coupeau, aux noms évocateurs comme : Mes-Bottes, Bibi-la-Grillade, Bec-Salé dit Boit-sans-Soif.

4 | Structure du roman

Dans ses notes préparatoires, Zola souhaite écrire « une histoire d'une nudité magistrale, de la réalité au jour le jour, tout droit. Pas de complications, très peu de scènes et des plus ordinaires, rien absolument de romanesque ni d'apprêté. Des faits au bout les uns des autres, mais me donnant la vie entière du peuple ». En même temps, il veut peindre « un effroyable tableau qui portera sa morale en soi », « procéder par grandes scènes typiques », ce qui semble contradictoire. La structure de *L'Assommoir* révèle cette tension entre deux conceptions du roman.

UNE CONSTRUCTION EFFICACE

Zola a d'abord prévu vingt et un chapitres. Il les a réduits à treize, chiffre impair, maléfique, boiteux, comme boite Gervaise qui parle du « malheur de sa jambe », laissant deviner un dénouement malheureux. *L'Assommoir* est la suite des laisser-aller d'une femme, depuis sa première faute : Gervaise a eu son premier enfant à treize ans. Elle est victime de son milieu, de son hérédité (en elle circule le sang vicié des Macquart), de son corps et de ses nerfs. Le roman est l'histoire de sa grandeur et de sa décadence : douze chapitres de longueur à peu près égale aboutissent à un treizième, brève conclusion de quelques pages.

Au chapitre V, Gervaise paraît avoir atteint un bonheur fragile, après une alternance difficile à supporter de hauts et de bas : elle croit avoir réalisé son rêve d'une vie simple et heureuse. Mais, dès la moitié du chapitre VI l'atmosphère s'assombrit, le passé qu'elle croyait oublié ressurgit, les soucis commencent : Virginie revient (p. 215), elle rappelle l'affaire du lavoir et parle très souvent de Lantier à la blanchisseuse ; Coupeau se met à boire considérablement. Le chapitre se termine sur l'image d'une Gervaise angoissée et prise au piège. Malgré cela, elle parvient, au chapitre VII à ce qu'on peut considérer comme le sommet de sa vie et le centre du roman : patronne, elle reçoit dans sa boutique, à l'occasion de sa fête. Tous les personnages sont réunis autour d'elle : les trois hommes qui la désirent (Coupeau, Lantier, Goujet), sa rivale (Virginie), les habitants de la grande maison y compris les Lorilleux, réconciliés pour la circonstance, les comparses, et même le quartier qui participe à la fête par la porte grande ouverte.

Débute alors, inéluctable, malgré quelques sursauts (au chapitre X, par exemple), sa décadence matérielle et sa déchéance morale et physique. Désormais, Gervaise, qui s'était imposée aux autres dans les six premiers chapitres (elle garde Coupeau malade chez elle malgré les conseils qu'on lui donne de l'envoyer à l'hôpital, elle invite dans sa boutique...), se laisse aller pendant les six chapitres suivants : sa personnalité s'effrite, elle est la proie de son milieu. Cet engrenage de la misère est souligné par l'utilisation de plusieurs procédés que Zola affectionne.

Promesses non tenues et prémonitions

Gervaise multiplie les promesses dont on sent bien qu'elle ne saura pas ou ne pourra pas les tenir, d'autant que le romancier multiplie les signes annonciateurs d'un dénouement malheureux. Ces deux procédés soulignent le caractère inéluctable de la déchéance de l'héroïne.

Gervaise ne cesse de promettre qu'elle va changer, en vain. « On ne me repincera pas de longtemps », affirme-t-elle à Coupeau, dont elle refuse la proposition de mariage. Quelques semaines plus tard, elle devient sa femme (chap. III). Elle jure à Goujet que jamais elle ne redeviendra la maîtresse de Lantier (chap. VIII, p. 269). Quelques jours plus tard, un soir qu'elle trouve Coupeau vautré dans son lit qu'il a souillé, elle va coucher avec son ancien amant.

En même temps, le récit est parsemé de signes prémonitoires du malheur à venir : un violent orage éclate pendant sa noce ; Gervaise reste « les yeux fixes, regardant les éclairs, comme voyant des choses graves, très loin, dans l'avenir, à ces lueurs brusques » (chap. III, p. 97). Elle rencontre alors le croque-mort, le père Bazouge, qui lui prédit : « Vous serez peut-être bien contente d'y passer, un jour… » (chap. III, p. 119) ; lorsque les invités ont quitté la fête, le chat d'une voisine croque les restes de l'oie, annonce évidente de l'installation de Lantier chez les Coupeau (chap. VII, p. 249). Le chapelier, en effet, est toujours comparé à un chat vorace.

Les vies misérables des Bénard, du père Bru, de Mme Bijard et de sa fille annoncent celle que va mener Gervaise. Un soir qu'il rentre ivre, Coupeau « ressemblait à l'autre, au soûlard qui ronflait là-haut, las d'avoir tapé. Alors, elle resta toute froide, elle pensait aux hommes, à son mari, à Goujet, à Lantier, le cœur coupé, désespérant d'être jamais heureuse » (chap. VI. p. 212).

█ Parallélismes de scènes

Zola reprend des situations identiques de part et d'autre du chapitre VII (celui de la fête chez Gervaise), mais il met en lumière la dégradation qui s'est produite. Il souligne ainsi la déchéance de l'héroïne. Cette déchéance est présentée de façon d'autant plus tragique que c'est Gervaise elle-même qui, souvent, la fait ressortir ; tout un morceau de passé remontant brusquement à sa mémoire :
– le premier séjour à l'hôpital de Coupeau (chap. X) lui rappelle son attitude lorsqu'il est tombé du toit (chap. IV) ;
– quand elle boit de l'eau-de-vie pour la première fois, à l'Assommoir, avec Coupeau et les autres pochards (chap. X, p. 357), elle se souvient du jour où elle a mangé une prune avec le zingueur, dans le même établissement (chap. II, p. 63) ;
– dans son interminable périple du chapitre XII, elle arrive devant l'hôtel Boncœur où « toute la sacrée vie avait commencé ». Elle revoit, d'un coup, vingt ans de son existence. La dernière chambre qu'elle habite ressemble, mais en plus sordide, à celle de l'hôtel Boncœur. La saleté et la graisse qu'elle tentait alors de chasser ont définitivement gagné ; elle n'est plus, elle-même, qu'une boule de graisse repoussante.

Certaines de ces reprises ont un effet plus fort dans la mesure où c'est un autre personnage qui constate la déchéance ; il la rend plus sensible à Gervaise et au lecteur. Les invités du repas offert par Virginie, dans la boutique, le jour de la communion de Nana (chap. X), se rappellent le festin donné dans ce même lieu par la blanchisseuse (chap. VII) ; la petite Lalie voit remonter Gervaise ivre et porte sur elle un regard que celle-ci ne peut pas supporter (p. 359) ; Virginie la regarde accroupie, en train de laver le sol de la boutique (chap. XI) et se souvient du jour où elle a été vaincue au lavoir par celle qu'elle emploie maintenant, par charité, comme bonne à tout faire (chap. I) ; quand Goujet ramène chez lui Gervaise, vieillie et avachie (chap. XII), il revit son idylle, leurs rencontres, ses rêves (chap. VI à VIII). Ce moment est si douloureux pour l'héroïne qu'elle ne peut pas le supporter longtemps, elle souhaite fuir et mourir.

▌Leitmotiv

Certaines phrases ou certains personnages reviennent plusieurs fois dans le roman, symbolisant, le plus souvent, des aspects frappants de la personnalité de la jeune femme : par exemple, son désir de vivre une vie d'honnêteté et de travail (p. 69, 159, 418) ; ou ses peurs devant l'avenir que concrétise le père Bazouge (p. 119, 316, 322, 339, 428).

Ces reprises, qui se colorent différemment selon les moments de l'œuvre et la situation de Gervaise, contribuent également à créer un climat d'angoisse, à faire de la jeune femme un être sympathique mais fragile, à souligner l'engrenage dans lequel elle est irrémédiablement prise.

DE GRANDES SCÈNES TYPIQUES ET THÉÂTRALES

Quand il réfléchit sur son roman, Zola, « voit » par « tableaux », par « scènes » ayant une unité spatiale, un décor, une atmosphère, une action propre. Il note : « La scène de l'abandon, les enfants, etc. » ; « La rencontre de Coupeau quelque part, typique » ; « Le mariage » (typique aussi) ; « Les premières raclées » ; etc. Il bâtit le chapitre autour d'une ou deux grandes scènes rassemblant le plus grand nombre de protagonistes. Zola a toujours eu la tentation du théâtre.

Des effets mélodramatiques

S'il utilise la scène, c'est d'abord pour son efficacité. Il procède comme un dramaturge-metteur en scène (voir ci-dessous p. 50-51 et p. 120). Plus que pour la plupart des autres Rougon-Macquart, il est tenté, pour ce roman de la condition ouvrière, comme il le sera, pour les mêmes raisons, pour *Germinal,* par le mélodrame et par ses gros effets. Il les utilise, en particulier, dans les scènes de misère, qu'il cherche à rendre le plus terrible possible en recourant aux stéréotypes de la violence ouvrière. Ainsi, dans celles où il peint les horribles excès auxquels l'alcoolisme conduit Bijard. « Un tableau navrant, faire pleurer », note-t-il dans son dossier au sujet de la scène dans laquelle le père, ivre mort, brutalise, sous les yeux horrifiés de Gervaise et du lecteur, sa fille Lalie, « raidi dans sa cotte et son bourgeron déguenillés, la face bleuie, sous sa barbe sale », « l'écume aux lèvres », l'alcool allumant dans ses yeux « une flamme de meurtre » (chap. VI, p. 211).

Une succession de temps forts et de temps faibles

Zola peint les artisans et les ouvriers des ateliers de la Goutte-d'Or au travail dans une succession de scènes caractéristiques qui sont autant de temps forts du récit. Entre eux, des résumés, le rappel de ce qu'est la vie quotidienne, dans son éternelle répétition.

L'art de Zola est d'alterner savamment ces temps forts et ces temps faibles tout au long du récit ; il parvient ainsi à maintenir éveillé l'intérêt du lecteur, à créer un crescendo dans la violence et l'horreur. Mais Zola réussit également à rattacher étroitement les temps forts à l'action, à ne pas en faire de purs morceaux de bravoure. Nous n'en donnerons qu'un seul exemple : la fête chez Gervaise se développe sur un chapitre entier qui pourrait faire un tout indépendant, mais c'est dans ce chapitre que se noue le drame ; ce moment est en effet essentiel pour comprendre la psychologie de la jeune femme et ses développements.

DE GRANDES SCÈNES
CARNAVALESQUES

Parmi ces temps forts, on compte de grandes scènes où Zola laisse libre cours à son imagination : les instincts de ses personnages se révèlent au grand jour, les corps vivent en liberté jusqu'à la folie. Tout devient « énorme », « formidable », les deux mots reviennent en leitmotiv. La vitalité du peuple, contrairement à celle des bourgeois, est débordante, à l'image des « tapées d'enfants » qui sortent de toutes les pièces de la grande maison locative : joie du corps qui s'exprime sans aucune pudeur ni fausse honte (voir la scène où Gervaise trouve Coupeau, à l'hôpital, « sur le trône », « en fonction, son trou de balle au grand air », chap. X, p. 348) ; joie à s'empiffrer ou à se soûler (voir le repas de noce de Gervaise : on regarde avec admiration Mes-Bottes bâfrer, au chap. III, p. 109-113) ; joie du bon ouvrier alerte sur son toit, comme Coupeau (chap. IV, p. 135), ou habile à manier une masse de vingt livres, comme Goujet (chap. VI, p. 190).

L'Assommoir doit être lu comme le pendant de *Pot-Bouille,* dont l'intrigue se déroule dans une maison bourgeoise, nouvellement bâtie, aux belles portes d'acajou luisant, cachant des turpitudes que les bonnes déballent dans la cour des cuisines. *L'Assommoir* donne, à l'opposé, une image du peuple qui est tout instinct, « relâchement », « débandade » – mots utilisés par Zola dans ses notes –, violence, truculence, grossièreté, excès, mais aussi vie.

▌La scène du lavoir

Cette première scène du roman donne le ton de l'œuvre. Loin d'être un hors-d'œuvre, elle conjugue les deux grands fantasmes de *L'Assommoir,* la violence populaire et la violence féminine. Cette scène pose un des fils conducteurs de l'œuvre : la vengeance ourdie par Virginie contre Gervaise, et une des grandes motivations de l'héroïne : la hantise de la purification, de la propreté (« avoir un trou un peu propre » est son grand rêve). Cette scène marque l'entrée de

Gervaise dans le groupe, dont elle parle désormais la langue : elle passe du vouvoiement et des formules de politesse aux injures et à l'argot des laveuses.

La scène commence comme un reportage : Zola utilise la documentation qu'il a rassemblée sur le travail des laveuses. L'épisode sert, également, à nous donner, grâce à la curiosité de Mme Boche qui interroge Gervaise, des informations sur le passé de la jeune femme. Mais, très vite, la scène prend un autre ton et un autre contenu ; elle est violence, démesure des gestes, des bruits, des réactions. Les laveuses et le garçon Charles sont au spectacle, et quel spectacle ! Les deux femmes, devenues de véritables bêtes, se déchirent vêtements et peau. Gervaise tape en cadence sur les fesses nues de sa rivale sans plus savoir ce qu'elle fait.

La scène du tri du linge

On retrouve la même verve, la même truculence, les mêmes excès, voire la même grossièreté dans la scène au cours de laquelle Gervaise trie le linge sale du quartier (chap. V). La chaleur et les odeurs aidant, les blanchisseuses multiplient les commentaires sur toutes leurs clientes. Le texte s'enfle, ici encore, jusqu'à l'épique. Toutefois, comme précédemment, Zola lie étroitement la scène au récit : « cette marée grandissante », qui menace d'engloutir Gervaise, annonce la débâcle morale et physique qui va bientôt l'emporter.

La fête de Gervaise

Véritable kermesse flamande, la fête est d'abord fête des corps, laisser-aller à tous les instincts, toutes les envies, moment de joie énorme, débridée, compensation d'une vie ordinairement dure.

On braille, on bâfre, on se tord de rire, le vin coule, la fête s'étend à tout le quartier qui « sentait la boustifaille et se tenait le ventre dans un bacchanal de tous les diables » (p. 235).

5 | L'espace

L'espace prend dans tous les romans de Zola une importance considérable. Toute transformation d'un personnage est d'abord péripétie spatiale : on peut suivre le parcours du personnage à travers les lieux différents qu'il habite. À chaque étape de la vie de Gervaise, correspond un lieu fortement caractérisé sur les plans sociologique et symbolique : ouvrière chez Mme Fauconnier, elle habite rue Neuve-de-la-Goutte-d'Or ; patronne, elle possède une boutique au rez-de-chaussée de la grande maison ouvrière ; puis, au fur et à mesure de sa déchéance, elle loge dans des espaces de plus en plus misérables et réduits.

LE CHOIX DU QUARTIER

Le quartier de la Goutte-d'Or est situé au nord de Paris, dans l'actuel XVIIIe arrondissement. Zola, qui habitait à proximité, aux Batignolles, l'a d'abord choisi à cause de son nom, venu des vignes qu'on y cultivait depuis le XVIIIe siècle, et générateur d'images : on pense à la goutte-d'or, la sueur d'alcool que laisse couler l'alambic du père Colombe, ou à la « mouche d'or », Nana, qui s'envole de la Goutte-d'Or pour aller contaminer les beaux quartiers[1].

Zola, qui s'est rendu sur place plusieurs fois et qui a pris huit pages de notes sur l'aspect des rues et sur leur activité, décrit le quartier avec une grande exactitude. Celui-ci, comme il le montre dans *L'Assommoir,* était habité par une population de petits artisans et d'ouvriers travaillant dans des ateliers. Il peint un espace en

---

1. Voir dans *Nana,* chap. VII, la chronique du journaliste Fauchery.

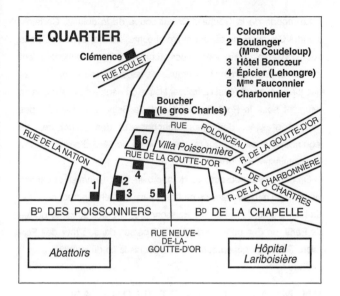

marge. La Goutte-d'Or n'a été rattachée à Paris qu'en 1860, et l'intrigue du roman débute en 1850. À la fin de sa vie, Gervaise ne reconnaît plus son quartier que les travaux d'Haussmann[2] métamorphosent.

La Goutte-d'Or est ainsi un espace entre ville et campagne, entre monde du travail et monde du plaisir – restaurants et bals se multiplient sur les Boulevards. Église et mairie sont loin, et, d'ailleurs, prêtre comme maire s'intéressent peu à ses habitants (voir les cérémonies bâclées du mariage de Gervaise au chapitre III, par exemple).

Zola peint un quartier sans traditions, sans mémoire, qui ne se préoccupe pas de politique. Seul Lantier lit le journal et possède quelques livres dépareillés, mais c'est un personnage antipathique, qui pérore plus qu'il ne pense. Quant aux autres, ils se bornent à se moquer des aventures sentimentales de Napoléon III, sans jamais mettre en cause le régime.

---

2. Préfet de la Seine sous Napoléon III. Il a dirigé les travaux d'embellissement et d'assainissement de la capitale (1853-1870).

Le monde de la Goutte-d'Or est coupé de la culture. Certains, comme Coupeau, ne savent ni lire ni écrire. Quand les invités de la noce de Gervaise décident de descendre dans Paris, ils ressemblent à un cortège de carnaval qui amuse les badauds. Ils ne sont à l'aise que lorsque, ayant réussi à trouver l'issue du dédale des salles, ils se réfugient sous le Pont-Royal, près de la Seine qui charrie « des nappes grasses, des vieux bouchons et des épluchures de légumes » (chap. III), qui rappellent « les coulées d'ordures » qui empuantissent leur quartier (chap. I).

On comprend pourquoi les deux provinciaux, Gervaise et Lantier, viennent se réfugier dans ce monde à part. L'hôtel Boncœur est situé de l'autre côté de la barrière Poissonnière, une des soixante portes de Paris, un des bureaux de l'octroi[3] percés dans le mur des Fermiers Généraux qui entourait la ville depuis la fin du XVIIIᵉ siècle.

UN MONDE CLOS ET ÉTOUFFANT

Le nombre des comparses du roman est limité : tous se connaissent, s'épient, se cachent des autres. Les efforts de Gervaise pour maintenir des relations humaines – « sa boutique devenait un salon » – échouent. Elle est toujours au centre de regards qui la traquent. Souvent un cercle de curieux jaloux l'enserre : au lavoir, lorsqu'elle revient de voir Coupeau à l'hôpital, par exemple. Le quartier, personnage anonyme et multiple, est là, qui regarde et commente sa vie le plus souvent avec une curiosité hostile.

Un périmètre étroit

Tout le roman se déroule dans un périmètre étroit et qui se restreint de plus en plus jusqu'à n'être que la niche sous l'escalier et enfin le trou dans lequel Bazouge enterre Gervaise.

Les limites de cet univers, Zola les a voulues symboliques, même au prix d'un anachronisme, comme il le note dans son dossier pré-

---

3. *Octroi* : administration chargée, à l'époque, de percevoir des droits d'entrée sur certains produits. Il existait un bureau de l'octroi aux vingt-quatre portes principales.

paratoire : « Gervaise, va de l'abattoir (qui n'existe plus mais je pour-rai le laisser) à l'hôpital [...] ; le chemin de fer au bout, avec des pen-sées de départ et de fuite ». Dès le premier chapitre (p. 36-39), Zola enferme Gervaise dans un monde clos et sinistre qui prendra toute sa signification au chapitre XII (p. 420) : à droite, les abattoirs d'où vient « une odeur fauve de bêtes massacrées » ; à gauche, l'hôpital, une sorte de monstre « montrant, par les trous encore béants de ses rangées de fenêtres, des salles nues où la mort devait faucher » (p. 40) ; l'horizon fermé par « une muraille grise et interminable » der-rière laquelle « la nuit, elle entendait parfois des cris d'assassinés » (p. 36) ; au loin, Paris, à la fois attirant – illuminée par le soleil levant, la ville est comme un creuset de toutes les richesses – mais aussi effrayant et de toute façon inaccessible : c'est un autre monde dont Gervaise est séparée par « une bande de désert ».

Une nature dérisoire

La nature, symbole de vie, de force, d'espoir aussi (le vert), est exclue de cet univers, sauf à deux moments privilégiés : Gervaise vient d'épouser Coupeau, son avenir s'éclaire, elle habite rue Neuve-de-la-Goutte-d'Or : « La joie de Gervaise était, à gauche de sa fenêtre, un arbre planté dans une cour et dont la maigre verdure suffisait au charme de toute la rue » (p. 123). Plus tard, elle essaie d'oublier ses ennuis auprès de Goujet ; ils se retrouvent, mais : « C'était, entre une scierie mécanique et une manufacture de boutons, une bande de prairie restée verte, avec des plaques jaunes d'herbe grillée [...] au fond, un arbre mort s'émiettait au grand soleil » (p. 267).

Images d'un espoir dérisoire et vain de changement et de pureté. L'arbre est mort, et ils ne peuvent pas soutenir la vue du ciel et de la vive lumière. La vie de Gervaise est celle de la chèvre qu'elle aper-çoit, attachée à un piquet, et qui tourne en bêlant (p. 302) : elle sait que les propositions que lui fait Goujet sont folles et elle les refuse. D'ailleurs, dans ce terrain vague, leur horizon est barré par « de hautes maisons jaunes et grises ». Ils ne peuvent apercevoir « le large ciel » qu'en renversant la tête (chap. VIII).

Un des grands intérêts de *L'Assommoir,* une de ses modernités, est l'analyse précise et très neuve de la manière dont l'individu investit l'espace, l'occupe, se l'approprie. Zola montre comment cette appropriation est nécessaire à la constitution du Moi ; comment, au contraire, la perte d'un espace à soi, ou son rétrécissement, contribue à sa déstabilisation et peut même amener à la folie.

Des points stratégiques

L'espace que définit Zola est comme une arène dans laquelle va se dérouler l'action. Il comporte des points stratégiques autour desquels s'aiguisent les convoitises, et qui sont l'objet de stratégies complexes pour leur possession (la boutique), ou des pôles d'attraction (la loge des Boche).

La grande maison : ce type d'immeuble n'existait pas, à l'époque choisie pour le récit, dans le quartier. Zola a inventé une vaste habitation qui lui permet de rassembler, non sans invraisemblance, il le souligne lui-même au début du chapitre V, la quasi-totalité de ses personnages. Elle est l'espace privilégié du groupe qui entoure Gervaise, elle est un véritable microcosme dans le macrocosme qu'est le quartier. À elle seule, elle représente la condition ouvrière.

La boutique : située au rez-de-chaussée de la maison, elle est âprement disputée ; elle passe de main en main. C'est un enjeu important pour ce qu'elle représente de « pouvoir », de satisfaction d'ambition (« devenir patron »). On s'en rend bien compte à la manière dont Virginie ourdit sa vengeance : celle-ci est parfaite lorsque la jeune femme a pris la boutique à Gervaise et trône à la caisse aux côtés de Lantier, sa rivale lavant le carrelage à ses pieds.

La loge des Boche : c'est un des lieux où on se retrouve, qui tire son importance du fait que les Boche sont les représentants du propriétaire.

Des groupes se font et se défont, on « tient salon » dans la loge ou dans la boutique de Gervaise, on cancane, on médit, on pactise, on se fait la guerre. L'intrigue est conçue comme une suite d'équilibres

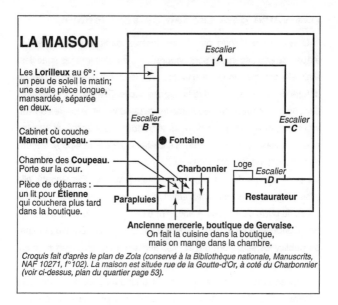

LA MAISON

Les **Lorilleux** au 6e :
un peu de soleil le matin;
une seule pièce longue,
mansardée, séparée
en deux.

Cabinet où couche
Maman Coupeau.

Chambre des **Coupeau.**
Porte sur la cour.

Pièce de débarras :
un lit pour **Étienne**
qui couchera plus tard
dans la boutique.

Escalier *A*

Escalier *B*

● Fontaine

Escalier *C*

Charbonnier

Loge

Escalier *D*

Restaurateur

Parapluies

Ancienne mercerie, boutique de Gervaise.
On fait la cuisine dans la boutique,
mais on mange dans la chambre.

Croquis fait d'après le plan de Zola (conservé à la Bibliothèque nationale, Manuscrits, NAF 10271, f°102). La maison est située rue de la Goutte-d'Or, à coté du Charbonnier (voir ci-dessus, plan du quartier page 53).

et de déséquilibres, centrés sur Gervaise (elle fait ou non partie de tel ou tel groupe), et toujours liés à la possession d'un espace.

Faire son trou

Le but de Gervaise, la marginale, est de s'insérer dans l'espace du quartier et d'y faire « son trou », c'est-à-dire de conquérir un espace à elle. Zola donne leur sens plein à une série d'expressions imagées, habituellement utilisées, comme « faire son trou », « se faire une place au soleil ». L'essentiel est d'être « chez soi », de ne plus habiter dans une chambre meublée, mais d'avoir ses meubles à soi, dans un appartement loué, se faire des racines, acquérir une « position ».

Zola détaille avec une grande justesse les gestes de Gervaise essuyant ses meubles « avec des soins maternels, le cœur crevé à la vue de la moindre égratignure », son admiration pour sa commode à laquelle elle trouve « l'air sérieux », son achat d'une pendule, symbole de son installation dans la vie. Quand elle a quelque argent, Gervaise rêve de devenir patronne, d'avoir une boutique à elle dans la grande maison, ce qui est une façon de s'insérer dans le groupe.

Gervaise dépossédée de son espace

Gervaise s'est donc peu à peu insérée dans le quartier, et les étapes de son ascension sont concrétisées par des images spatiales. Mais elle commet une lourde faute : premièrement, elle ne fait pas de différence entre espace privé et espace public. Elle considère le quartier comme sa propriété, « comme les dépendances naturelles de son logement, ouvert de plain-pied sur le trottoir » ; elle sort « en savates et en cheveux », vêtue comme si elle était chez elle (chap. V). Secondement, elle ne sait pas protéger l'espace qu'elle s'est acquis, habitée par « la rage de s'attacher aux gens » (chap. V). Par lâcheté, elle laisse Lantier s'installer chez elle. On ne condamne jamais, comme prévu, la porte de communication entre la chambre de Lantier et celle des Coupeau. Il n'y a plus de distinction entre espace privé et espace public, les seuils ont été abolis. Gervaise perd alors ses repères, ses prérogatives, son espace à elle qui est envahi.

Dépossédée de sa chambre, de sa boutique, puis de la chambre misérable qu'elle occupait dans le coin des pouilleux au sixième étage de la grande maison, n'ayant plus pour s'abriter qu'une niche sous l'escalier, Gervaise, est devenue folle. Quand elle « fait » Coupeau, enfermé à l'hôpital, à la demande des voisins, on ne sait plus si elle l'imite réellement, ou si elle n'a pas pris « ce tic-là à Sainte-Anne[4], en regardant trop longtemps son homme » (chap. XIII, p. 444).

Les Lorilleux, au contraire, qui se sont toujours protégés avec un égoïsme féroce, allant jusqu'à mettre une couverture à la fenêtre quand ils mangeaient un lapin, triomphent à la fin du roman ; les Boche viennent les voir chez eux, traitant « la Banban par-dessus la jambe », maintenant qu'ils ne peuvent plus rien attendre d'elle.

---

4. Hôpital psychiatrique où a été interné Coupeau.

6 | Le temps

DE RARES INDICATIONS
TEMPORELLES

L'intrigue de *L'Assommoir* se déroule, selon les indications données par Zola dans son dossier préparatoire, entre mai 1850 et fin 1868 ou début 1869[1]. Il faut, en effet, se référer aux notes de travail rédigées par le romancier pour avoir ces précisions : il se borne, dans le récit, à quelques indications, peu précises.

On ne trouve que de rares références à la réalité historique contemporaine qui permettrait au lecteur de situer chronologiquement tel ou tel épisode. À peine trouve-t-on une allusion au coup d'État de 1851 au cours duquel Coupeau se serait fait prendre sans l'intervention de Goujet (chap. IV), à un voyage de Louis-Napoléon Bonaparte, à une loi... Contrairement à son habitude, qui lui fait utiliser la quasi-totalité de ses notes préparatoires, Zola ne se sert pas de ce qu'il avait prévu sur les opinions politiques des personnages et sur leurs discussions.

RENDRE SENSIBLE LA DURÉE

S'il donne une date, il ne mentionne ni le mois ni le jour. Bien qu'appartenant à la fresque des *Rougon-Macquart* dont le sous-titre est *Histoire naturelle et sociale d'une famille sous le Second Empire*, le roman se situe presque hors du temps historique dans le monde du « longtemps », du « déjà ».

---

1. Voir Tableau chronologique, p. 61.

Ce qui intéresse Zola, ce n'est pas le temps des horloges, la chronologie, mais le temps tel qu'il est vécu par le personnage. Il arrive à faire sentir le poids de l'instant et de l'attente jusqu'à une sorte de vertige. Il rend sensible la durée en utilisant un certain nombre de procédés :

– *Des annotations* : « Trois semaines plus tard », « quatre années se passèrent ».

– *L'emploi systématique de l'imparfait, de durée ou de répétition.*

– *L'ordre des compléments et des propositions ;* Zola coupe la phrase par de nombreuses ponctuations de manière à l'étirer : voir, entre autres, le départ des ouvriers au petit matin dans le chapitre I, ou le terrible chapitre XII durant lequel Gervaise, mourant de faim, essaie de se prostituer sur les Boulevards. Un exemple tiré de ce chapitre fait éprouver l'énorme accablement de la femme affamée :

> Alors, la tête tournée, lâchant l'espoir de faire du commerce, elle se recroquevillait davantage sur sa paillasse, elle préférait regarder par la fenêtre le ciel chargé de neige, un jour triste qui lui glaçait la moelle des os.

– *L'accumulation de petites phrases,* mimant en quelque sorte le poids des peines qui accablent l'infortunée :

> Ah ! la triste musique qui semblait accompagner le piétinement du troupeau, les bêtes de somme se traînant, éreintées ! Encore une journée de finie ! Vrai, les journées étaient longues et recommençaient trop souvent.

– *La coupe d'un épisode en plusieurs tronçons* de sorte à le faire durer : ainsi le départ des ouvriers est-il coupé par les interventions de Coupeau et de Mme Boche. Ou bien Zola consacre à un épisode la quasi-totalité ou à la totalité d'un chapitre (la déambulation ultime de Gervaise occupe tout le chapitre XII).

– *La construction même de L'Assommoir* qui se donne à lire comme une accablante longue et unique journée : au chapitre I, Gervaise regarde le matin partir des ouvriers. Au chapitre XII, elle commente leur retour :

> Ah ! oui, Gervaise avait fini sa journée ! Elle était plus éreintée que tout ce peuple de travailleurs, dont le passage venait de la secouer (p. 416).

À la fin de sa vie, la blanchisseuse en est même arrivée à perdre la conscience du temps : elle ne sait plus l'heure ni le jour : « Ce devait être le samedi après le terme, quelque chose comme le 12 ou le 13 janvier, Gervaise ne savait plus au juste. Elle perdait la boule, parce qu'il y avait des siècles qu'elle ne s'était rien mis de chaud dans le ventre » (chap. XII, p. 399).

La vie de l'héroïne se déroule ainsi dans un univers symbolique et mythique qui a son temps propre.

TABLEAU CHRONOLOGIQUE

Zola se borne à quelques indications temporelles floues. Il faut tenter de restituer la chronologie, non sans grande difficulté ni imprécision ni risque d'erreur[2] d'après les indications qu'il donne dans son travail préparatoire. Ce qui l'intéresse, c'est la durée, le temps vécu par les personnages.

CHAPITRES	INDICATIONS TEMPORELLES	DURÉE	NOMBRE DE PAGES (Édition G.-F.)
I	(début) mai 1850	quelques heures	26
II	fin mai – fin juin	un mois	27
III	29 juillet 1850	un jour	29
IV	1850-1854	4 ans et quelque	28
V	avril 1855 – fin 1857	près de 3 ans	32
VI	automne 1857 – juin 1858	quelques mois	30
VII	19 juin 1858	1 jour	36
VIII	juin 1858 – hiver 1860	près de 2 ans	35
IX	hiver 1860 – janvier 1862	15 mois	37
X	1862-1864	3 ans	35
XI	1865-1867	3 ans	38
XII	12 ou 13 janvier 1868	1 jour	30
XIII	1868 – début 1869	1 an	15

---

2. Par exemple, Nana naît en mai 1851, mais au chapitre XI, elle a quinze ans. On peut penser qu'elle est dans sa quinzième année.

7 | La technique narrative

Pour donner au récit plus de vraisemblance et créer chez le lecteur l'illusion de sa véracité, but qu'il recherche, Zola utilise plusieurs procédés. Il ne les invente pas, certes, mais il s'en sert de manière toute nouvelle, annonçant en cela le roman du XXe siècle.

LE POINT DE VUE DU PERSONNAGE

Une des grandes innovations de Zola, en particulier dans *L'Assommoir,* est d'utiliser, pour raconter les faits ou décrire les lieux, les choses et les gens, le point de vue du personnage[1]. Certes, le narrateur omniscient[2] intervient toujours selon la technique habituelle du roman, telle que la pratique Balzac, entre autres. Mais Zola tend à faire que ce narrateur s'efface pour donner la première place au personnage.

Il suit en cela la leçon de Stendhal. Dans un récit célèbre de *La Chartreuse de Parme,* par exemple, la bataille de Waterloo n'est vue qu'à travers le regard de Fabrice, qui ne comprend rien à ce qui se passe, et qui n'a aucune vue d'ensemble. On mesure la nouveauté et l'intérêt de ce procédé de la « restriction de champ[3] » sur le plan du réalisme en comparant ce texte avec le récit du même épisode fait, dans *Les Misérables,* par un narrateur omniscient qui, tel une divinité,

---

1. Le romancier qui adopte le point de vue d'un personnage décrit les êtres et les choses tels qu'ils sont vus par ce personnage. Ce type de point de vue est encore appelé « focalisation interne » ; dans ce cas, le lecteur n'en sait pas plus que ce que dit ou pense le personnage-narrateur.
2. Le romancier qui adopte le point de vue omniscient connaît tout sur l'ensemble des personnages et sur ce qui se passe dans leur esprit. Le point de vue omniscient est encore appelé « focalisation zéro ».
3. Expression utilisée par G. Blin, dans *Stendhal et les problèmes du roman,* Éd. José Corti, 1973.

embrasse tout, voit tout jusque dans le moindre détail, pénètre toutes les pensées de tous les personnages.

Le point de vue de Gervaise

Dans ses romans, Zola limite le plus souvent ses descriptions au point de vue d'un personnage, en général nouveau venu dans le lieu ou ignorant de certaines informations, et, par là même, plus réceptif, plus curieux. Dans *L'Assommoir,* Gervaise, au chapitre I, chapitre d'exposition, regarde de sa fenêtre, point de vue élevé, donc privilégié, la vie du quartier dans lequel elle vient d'arriver. Son regard est d'autant plus aigu qu'elle est inquiète et cherche Lantier qui n'est pas rentré de la nuit. C'est par elle, qui la détaille du regard, que nous connaissons, aux premières lignes du roman, la chambre de l'hôtel Boncœur. Plus tard, Coupeau amène la jeune femme chez les Lorilleux : nous découvrons avec elle la grande maison locative et les explications qu'ils lui donnent sur leur travail de chaînistes : elle ira dans la forge où travaille Goujet, qui lui donnera des explications sur son propre travail et sur ses difficultés.

À chaque fois, les informations passent par Gervaise, par son regard, par ses perceptions, d'autant plus vives qu'elle est plus sensible aux bruits, aux gestes, aux couleurs qu'un habitué. Le lecteur ne connaît que ce qu'elle voit ou apprend, et le connaît selon ce qu'elle voit ou comprend. D'où l'utilisation fréquente de « modalisateurs », c'est-à-dire de termes ou d'expressions du type : « elle croyait l'avoir vu », « il lui semblait ». Le récit gagne ainsi en vraisemblance. Cette vision partielle et partiale des choses et des gens est un des procédés qui créent chez le lecteur « l'illusion réaliste », et qui provoquent l'adhésion à ce qui lui est raconté.

La multiplication des points de vue

L'illusion sera d'autant plus grande que le narrateur multiplie les points de vue sur une situation, un lieu, un personnage. De deux manières : ou bien c'est le même personnage qui en a une perception différente selon les jours, l'heure, ses sentiments, son expérience, ainsi de Gervaise devant la grande maison ; ou bien le narrateur nous donne le point de vue de plusieurs personnages sur le même sujet.

Le procédé a un double avantage : il cerne le réel de façon plus précise en multipliant les regards portés sur lui ; en même temps, il est plus proche de la vie, dont il rend la confusion, l'illogisme, la complexité. Il est riche de profondeur psychologique : l'héroïne, en particulier, n'est pas tout d'une pièce, elle conserve des zones d'ombre, des contradictions, comme tout être humain.

▌« La description en action »

Zola lie souvent ce procédé à un autre pour, selon le mot qu'il utilise constamment dans ses dossiers préparatoires, « dramatiser » la description : « description en action », « pas d'explications longues ; les portraits très nets et le reste en faits et en conversations », note-t-il.

En même temps qu'il regarde, le personnage marche. Un exemple : Gervaise arrive au lavoir : « Après avoir pris son numéro, elle entra » (chap. I). Suit une première description des lieux qu'on suppose vus par la jeune femme et que nous découvrons avec elle et en même temps qu'elle. Le texte continue : « Cependant, Gervaise, à petits pas, suivait l'allée, en jetant des regards à droite et à gauche. » Par cette sorte de procédé cinématographique, de travelling, la description, habituellement statique et faite par un narrateur qui insère ses fiches documentaires, devient dynamique. Zola évite de faire des récits ou des rappels artificiels ; il les intègre à l'action.

Au total, un art dynamique, très proche d'un certain art cinématographique fait de la vérité et de la densité des choses et des hommes, d'authenticité, qui consiste moins à décrire les choses en elles-mêmes qu'à traduire l'effet qu'elles ont sur les personnages et la perception qu'ils en ont. Cette authenticité est atteinte par un autre procédé, le style indirect libre.

LE STYLE INDIRECT LIBRE

Définition

Commençons par prendre un exemple qui nous permettra de distinguer le style indirect libre du style direct et du style indirect.

Au chapitre II du roman, Gervaise prend une prune en compagnie de Coupeau à l'Assommoir du père Colombe. Zola présente la scène en style indirect libre :

> Alors, elle en vint à causer de sa jeunesse, à Plassans. Elle n'était point coureuse du tout ; les hommes l'ennuyaient ; quand Lantier l'avait prise, à quatorze ans, elle trouvait ça gentil parce qu'il se disait son mari et qu'elle croyait jouer au ménage. Son seul défaut, assurait-elle, était d'être très sensible, d'aimer tout le monde, de se passionner pour des gens qui lui faisaient ensuite mille misères (p. 66).

Comment formulerait-on le passage ci-dessus en style direct ? Il suffirait de rapporter textuellement les paroles de Gervaise à la première personne en ouvrant les guillemets. Le texte deviendrait :

> « Alors elle se met à causer de sa jeunesse :
> — Je ne suis point coureuse, les hommes m'ennuient. Quand Lantier m'a prise, j'ai trouvé ça gentil. [...] »

Au style indirect, les propos ne sont plus cités textuellement, ils sont rapportés par l'intermédiaire d'une proposition subordonnée introduite par « que », ce qui donnerait :

> Alors elle s'est mise à causer de sa jeunesse, disant qu'elle n'était point coureuse du tout, que les hommes l'ennuyaient, que, quand Lantier l'avait prise, elle avait trouvé ça gentil. [...]

Qu'en est-il du style indirect libre ? On le trouve dans l'exemple donné plus haut. Les paroles du personnage sont rapportées à la troisième personne comme dans le style indirect, mais très librement introduites par un terme et sans la conjonction « que ». Dans l'exemple choisi, le style indirect libre est d'abord annoncé par : « elle en vint à causer de sa jeunesse » ; puis, un peu plus bas, par l'incise : « assurait-elle ». On pourrait avoir, même, au lieu d'un verbe déclaratif, une simple marque d'émotion, comme dans l'exemple suivant :

> Elle rentra désespérée ; toute son épouvante de l'eau-de-vie la
> reprenait. Le vin, elle le pardonnait, parce que le vin nourrit l'ou-
> vrier ; [...] Ah ! le gouvernement aurait bien dû empêcher la fabri-
> cation de ces cochonneries ! (p. 210).

La première phrase appartient au récit fait par le narrateur. Le style
indirect libre commence à partir de : « Le vin ». Ce style conserve
des éléments stylistiques du style direct comme ici le point d'exclamation.

Un roman parlé

Ce procédé du style indirect libre a été utilisé par Stendhal, puis
par Flaubert, pour briser la parole omnisciente du narrateur, pénétrer
dans les sentiments du personnage, les suivre dans tous leurs
détours. Le narrateur reste toujours présent, mais il veille à respecter
la pensée et surtout l'accent du personnage, de sorte que le texte
paraît affranchi de sa tutelle. On accède alors au stade du « roman
parlé ». Il ne s'agit pas, en effet, à proprement parler d'un monologue
intérieur (le monologue intérieur se développe à la première personne), mais d'une sorte de soliloque, de « parlerie », comme le souligne
Zola, qui suppose un interlocuteur (même fictif) et la volonté de le
persuader. Le style indirect libre rend la pensée du personnage dans
son immédiateté, au fur et à mesure qu'elle se forme, dans ses
contradictions, ses hésitations, son appréhension tragique de la réalité, avec ses mots, ses images, son ton, son rythme, ses effets de
toutes sortes.

L'utilisation du style indirect libre

L'originalité de Zola réside dans l'emploi important du procédé et
dans l'exploitation de toutes ses possibilités. Le style indirect libre,
selon une étude effectuée par Jacques Dubois[4], couvre 14,5 % du
texte de *L'Assommoir,* ce qui est beaucoup, mais l'habileté du romancier est telle qu'on a l'impression que l'utilisation du procédé est
beaucoup plus massive. Pour deux raisons : son utilisation à certains
moments cruciaux du récit ; la contamination du texte par le procédé.

---

4. Sur le style indirect libre, voir *L'Assommoir d'Émile Zola, op. cit.,* p. 121 et suiv.

Zola, en effet, n'utilise pas le procédé dans tout le roman. Il est, par exemple, absent du chapitre I. Il s'en sert particulièrement dans les chapitres VI et XIII, à deux moments clés :

– au chapitre VI, les difficultés commencent pour Gervaise : Virginie vient de revenir dans le quartier, elle pousse la blanchisseuse à la gourmandise, elle lui parle de Lantier ; Coupeau, qui ne travaille pas, se met à boire et menace de la battre. C'est donc pour Gervaise, qui se réfugie souvent dans la forge où travaille Goujet, un moment de désarroi. Elle se pose de nombreuses questions, elle tourne ses pensées dans sa tête ;

– au chapitre XII, c'est le moment de son plus grand désespoir, elle est totalement seule, elle est affamée et quête, en vain, un morceau de pain. On a l'impression que le style indirect libre domine tout le chapitre, que nous n'écoutons que la voix de Gervaise « au bout du rouleau » ; en fait, le procédé n'occupe que 20 % du chapitre, mais le narrateur en arrive à parler comme son personnage. Par cette fusion exceptionnelle, quasi complète, une de ses grandes innovations, Zola ouvre ainsi la voie au roman moderne d'un Céline ou d'un Queneau, d'un Aragon, d'un Samuel Beckett et de tant d'autres.

L'UTILISATION DE LA « LANGUE VERTE », ORALE ET POPULAIRE

À l'exception de quelques amis écrivains comme lui, Huysmans, Mallarmé, Maupassant, on reconnut peu, au moment de la publication de *L'Assommoir,* le grand art de Zola et la modernité de ses recherches techniques. Le bon goût, la morale, la conception qu'on se faisait de la littérature furent scandalisés, tout particulièrement, par la langue dans laquelle l'œuvre était écrite.

Le plus grand nombre des critiques qui lui ont été adressées visent ce que Mallarmé a appelé une « admirable tentative linguistique », tentative très novatrice et unique sous la plume du romancier. Ce dernier utilise « la langue verte », c'est-à-dire une langue orale, populaire, argotique. Plusieurs écrivains, dont Hugo dans *Les Misérables,* l'avaient déjà prêtée à certains de leurs personnages, mais uniquement dans les dialogues. L'innovation de Zola consiste à étendre son utilisation à tout le récit, aux descriptions et aux analyses des caractères. De sorte qu'on ne distingue plus, souvent, qui parle : le narrateur (Zola), le personnage, ou le « quartier ». Ce brouillage, qui contrevenait à ce qu'on estimait être les « lois » de la bonne littérature a choqué.

Zola a recopié des listes de mots tirés de l'argot dont il s'est servi. Mais l'impression d'authenticité que nous ressentons à la lecture de *L'Assommoir* ne vient pas de cette documentation livresque. Elle tient, d'abord, à la grande connaissance que le romancier possédait de la langue populaire : rappelons l'origine très modeste de sa mère et de son épouse, son expérience prolongée des maisons où s'entassaient les petits artisans, les petits employés et les ouvriers. Ensuite, cette langue lui plaît manifestement : il en aime la verve, les inventions, l'humour, le pittoresque, la justesse et la richesse des comparaisons, la verdeur, le rythme, le ton. Les exemples sont multiples de cette contamination de tout le récit par la langue verte :

> Ah ! oui, Gervaise avait fini sa journée ! Elle était plus éreintée que tout ce peuple de travailleurs, dont le passage venait de la secouer. Elle pouvait se coucher là et crever, car le travail ne voulait plus d'elle, et elle avait assez peiné dans son existence, pour dire : « À qui le tour, moi, j'en ai ma claque ! » Tout le monde mangeait à cette heure. C'était bien la fin, le soleil avait soufflé sa chandelle, la nuit serait longue (chap. XII, p. 416).

8 | Les thèmes

LA BESTIALITÉ :
LES MÉTAPHORES ANIMALES

Ce qui caractérise la langue populaire, outre ses tournures orales et son rythme, ce sont les nombreuses images, en particulier les images animales, explicites ou implicites. *L'Assommoir* est le roman de Zola où elles sont le plus nombreuses. L'univers dans lequel ils vivent transforme les hommes en bêtes. Le titre du roman prend alors tout son sens.

Zola a souvent donné aux humains des noms d'animaux (Mme Coudeloup, M. Hongre, Mme Lerat, Virginie Poisson, Mme Putois). Qu'il ait trouvé là – comme dans le langage populaire – une source de pittoresque, est indéniable. Mais l'emploi et le choix des métaphores animales ont une signification beaucoup plus profonde.

Le roman s'ouvre et se ferme sur la vision de la foule des ouvriers qui va au travail ou en revient. Ce sont des « bêtes de somme » (p. 415) ; on entend « un piétinement de troupeau » (p. 37) : « Ah ! la triste musique, qui semblait accompagner le piétinement du troupeau, les bêtes de somme se traînant, éreintées ! Encore une journée de finie ! Vrai, les journées étaient longues et recommençaient trop souvent » (p. 415).

Gervaise elle-même est souvent comparée à un mouton, à une bête de somme, à une mule dévouée. Son grand rêve : « avoir la niche et la pâtée », expression qui revient comme un leitmotiv. Bijard est un loup, les Lorilleux des araignées, des cloportes. Mme Lorilleux est « la femelle de son mari », Virginie et Lantier sont des chats, Coupeau, un singe, « un moineau rigoleur et putassier ». Zola désigne ainsi ses personnages, même lorsqu'il réfléchit dans son dossier préparatoire, tant, pour lui, les hommes ne sont plus, dans un tel milieu, que des bêtes.

Ils ne peuvent échapper à une condition qui ravale l'individu et le promet à l'hôpital ou – ce qui est la même chose – aux « vieux abattoirs noirs de leur massacre et de leur puanteur » (p. 40), à la fin d'une vie qui n'est qu'un immense jour de labeur, comme l'est le roman, débutant sur le départ des ouvriers et se refermant sur leur retour : construction fermée, elle aussi, symbolique.

LE TRAVAIL

Zola donne – et c'est une nouveauté dans le roman de l'époque – une description très détaillée et revalorisante du travail manuel. Il décrit avec admiration pour le savoir-faire qu'ils demandent le lavage du linge dans un lavoir public (chap. I), la fabrication de chaînes en or par de petits artisans en chambre (les Lorilleux, chap. II), le repassage de pièces de vêtements compliquées, de bonnets à dentelles (Gervaise et ses employées, chap. V), le travail des boulonniers (Goujet, chap. VI) et celui des zingueurs (Coupeau, chap. IV).

D'autres petits artisans parlent avec passion de leur métier : Mme Lerat, qui fabrique des fleurs artificielles, Mlle Remanjou, qui confectionne des poupées en tissu, M. Madinier, cartonnier (voir leur conversation lors de la noce de Gervaise, chap. III, p. 110 et suiv.).

Mallarmé a été sensible à la nouveauté de ces pages :

> La simplicité si prodigieusement sincère des descriptions de Coupeau travaillant ou de l'atelier de la femme me tiennent sous un charme que n'arrivent point à me faire oublier les tristesses finales : c'est quelque chose d'absolument nouveau dont vous avez doté la littérature, que ces pages si tranquilles qui se tournent comme les jours d'une vie.
> (Lettre à Zola, 3 février 1877.)

Une des plus belles pages de *L'Assommoir* est celle de la lutte entre Goujet et Bec-Salé, dit Boit-sans-Soif devant Gervaise, pour savoir lequel des deux façonnera le plus beau boulon avec le moins de coups de masse (chap. VI, p. 185 et suiv.). Goujet devient « beau, tout-puissant, comme un bon Dieu », aux yeux de Gervaise et aux nôtres. La leçon de morale (l'alcoolisme détruit l'homme et l'avilit) s'efface devant la beauté du tableau.

Mais, en même temps, Zola montre que tout ce savoir-faire ne réussit pas à sortir ces ouvriers de la misère. Si Coupeau et Gervaise font quelques économies, c'est parce qu'un vieux monsieur de Plassans prend à sa charge leur fils Claude, le futur peintre de *L'Œuvre*[1], première atteinte à la cellule familiale. Coupeau tombe du toit en voulant regarder sa fille, Nana, qui l'appelle du trottoir. Gervaise mange toutes ses économies en voulant le soigner chez elle pour lui éviter l'hôpital où la mort fauche les pauvres. Les Lorilleux, à force de trop travailler, deviennent « d'une dureté abêtie de vieux outils » (chap. V, p. 179). Quant à Goujet, le parfait ouvrier, sobre, économe, il subit les effets de la mécanisation et finit par tout juste subsister. Que penser, enfin, du sort réservé aux vieux ouvriers qui ne peuvent plus travailler, comme le père Bru ?

La condition ouvrière telle que nous la décrit Zola est un inéluctable enlisement. Elle appelle des mesures d'urgences.

L'ALCOOL

L'alcoolisme et ses ravages constituent un des thèmes essentiels, obsédants, de *L'Assommoir*. Zola s'est documenté sur ce qui était un fléau majeur de l'époque. Il a voulu en parler avec franchise, ce qui lui a valu de violentes critiques : on l'a accusé de « mépris néronien » pour le peuple. Relisons les premières lignes de l'ébauche de ce roman :

> Le roman doit être ceci : montrer le milieu peuple, et expliquer par ce milieu les mœurs du peuple ; comme quoi à Paris, la soûlerie, la débandade de la famille, les coups, l'acceptation de toutes les hontes et de toutes les misères vient des conditions mêmes de l'existence ouvrière, des travaux durs, des promiscuités, des laisser-aller[2].

---

1. *L'Œuvre* : roman de Zola publié en 1886, qui fait partie du cycle des *Rougon-Macquart*.
2. Extrait du dossier préparatoire conservé à la Bibliothèque Nationale.

Les personnages tentent de se sortir de la dure condition qui leur est faite par la société. Certaines tentatives ne peuvent que les enfoncer davantage dans leur malheur ; elles se bornent, en effet, à satisfaire et à exacerber des instincts de conservation, la facilité, les compromis. Parmi elles, l'alcool.

L'alcool animalise l'homme

L'alcool, c'est l'eau-de-vie, l'eau qui donne la vie, ce qui « graisse la machine » fatiguée (Zola est sensible à toute la profondeur psychologique de cette expression pittoresque), la goutte d'or. Les soirs de grande quinzaine, tout le quartier de la Goutte-d'Or devient un énorme assommoir (p. 118). Mais l'alcool remplace le sang de ceux qui boivent. Goujet, qui a du sang pur dans les veines, l'emporte sur l'ivrogne Bec-Salé qui ne peut plus soulever sa masse (p. 188). L'eau-de-vie animalise l'homme : le tord-boyaux, le casse-poitrine, dégradent son corps, lui font perdre toute dignité. Les quatre ivrognes, Bibi-la-Grillade, Mes-Bottes, Bec-Salé, Coupeau, sont dégoûtants (p. 354). Coupeau se vautre comme un porc dans ses vomissures (p. 284). L'alcool, surtout, réveille la brute qui, pense Zola, sommeille au fond de tout homme, le rend fou, le pousse au meurtre. Le romancier ne peut pas décrire sans angoisse les férocités de Bijard ou les crises de *delirium* de Coupeau, la fêlure, la tare originelle qui menace la raison.

Ces scènes de *delirium tremens* de la fin du roman sont terribles. La chair de Coupeau, torturé par l'alcoolisme, en proie à d'atroces cauchemars, mène une véritable bacchanale en dehors de toute volonté. Seule la mort fait cesser cette danse qui fascine Zola, un des premiers grands explorateurs du corps et de ses mystères : « Ça dansait jusqu'au fond de la viande ; les os eux-mêmes devaient sauter. [...] Quel sacré travail ! » (chap. XIII, p. 443).

La tare familiale

On est loin d'un parti pris moralisateur ou d'une description des méfaits de l'alcoolisme. L'imagination de Zola rêve autour de ce liquide néfaste qu'est l'alcool, poison qui circule dans les organismes et qui les putréfie. Le sang de Gervaise, née de parents alcooliques, véhicule la tare familiale. L'héroïne qui buvait dans sa jeunesse en compagnie de sa mère, puis qui s'était détournée de l'alcool, s'est à nouveau mise à boire. Quand elle meurt, son corps pourrit dans la niche qu'elle occupe :

> Un matin, comme ça sentait mauvais dans le corridor, on se rappela qu'on ne l'avait pas vue depuis deux jours ; et on la découvrit déjà verte, dans sa niche (fin du chap. XIII).

Nana, sa fille, se putréfiera elle aussi :

> C'était un charnier, un tas d'humeur et de sang, une pelletée de chair corrompue, jetée là sur un coussin. Les pustules avaient envahi la figure entière, […] elles semblaient déjà une moisissure de la terre, sur cette bouillie informe, où l'on ne retrouvait plus les traits (dernières lignes de *Nana*).

Quant à Coupeau, « il aurait pris feu comme une torche, si l'on avait approché une allumette de sa bouche », comme le père de Gervaise, Antoine Macquart, dont le corps se consume entièrement, la chair imbibée d'alcool ayant pris feu au contact d'une pipe que le vieillard, ivre, a laissé choir sur sa cuisse *(Le Docteur Pascal)*.

Les personnages que le besoin d'alcool fait « boire comme des trous » creusent inéluctablement leur propre trou. (Voir également p. 57 pour les autres sens du mot « trou ».)

LA NOURRITURE

Dans ce monde de misère, la faim devient une hantise (p. 334). Aussi, manger quand on le peut, jusqu'à éclater, c'est prendre du bon temps (p. 158), c'est surtout une sorte de revanche, ou d'exorcisme, ou plutôt une avance dans une lutte inégale où l'on sera vaincu de toute façon : « Quand on gagne de quoi se payer de fins morceaux, n'est-ce pas ? On serait bien bête de manger des pelures de pommes de terre. » Le roman sera rythmé par trois morceaux de bravoure – la noce, la fête de Gervaise, la communion de Nana – qui peignent des festins mémorables.

Mais l'établi de la boutique reste gras et sale. La gourmandise pousse à la paresse, aux complaisances de tous ordres. Les pratiques s'en vont, l'argent manque, un seul souci reste : faire ses trois repas par jour.

> Pourvu que son mari et son amant fussent contents, que la maison marchât son petit train-train régulier, qu'on rigolât du matin au soir, tous gras, tous satisfaits de la vie et se la coulant douce, il n'y avait vraiment pas de quoi se plaindre (p. 289).

Zola avait déjà montré, dans *Le Ventre de Paris,* cette lâcheté égoïste des « gras ». Dans *L'Assommoir,* cette lâcheté, étant donné la pression du milieu, amènera la déchéance morale et physique[3].

Dans les premiers chapitres, Gervaise est svelte ; au lavoir, dans sa chambre de la rue Neuve, elle chasse la crasse avec énergie. Peu à peu, elle s'empâte, se laisse aller jusqu'à trouver, dans la crasse, un certain bien-être (p. 296). La graisse et la crasse tissent, en même temps, comme un double cocon protecteur autour de la jeune femme.

LA TENTATION DU NID

Dans ce monde de l'angoisse et de la peur où tout est menaçant, Gervaise mais aussi les autres personnages cherchent un refuge. Il se développe ainsi une thématique du trou (voir le leitmotiv de Gervaise : « avoir un trou un peu propre pour dormir »), « du nid, du petit logis intime ».

La boutique est la forme privilégiée de ce nid : la blanchisseuse y trouve calme, douceur, chaleur du feu et des relations humaines. Goujet, Lantier et les autres viendront y chercher la même paresse et les mêmes jouissances (p. 172). Gervaise s'en est fait un monde clos, à sa mesure, qu'elle connaît et s'est apprivoisé, et à partir duquel elle peut – confiante – se familiariser avec le quartier : « La rue de la Goutte-d'Or lui appartenait, et les rues voisines, et le quartier tout entier » (p. 156).

---

3. Le ventre, au contraire, est une attaque violente et amère des « rapaces assouvis », les « gras » : « le contentement large et solide de la faim, la bête broyant le foin au râtelier [...] la bedaine pleine et heureuse se ballonnant au soleil et roulant jusqu'au charnier de Sedan » (Dossier préparatoire du roman, f° 47).

Mais lorsque ce monde est menacé par l'intrusion de Lantier, elle ne tente pas de le défendre, elle cherche d'autres refuges : la forge de Goujet où elle trouve chaleur et protection ; la nourriture dans laquelle elle s'enfonce avec une somnolence béate ; la crasse qui lui fait un « nid chaud », bien calfeutré (« attendre que la poussière bouchât les trous et mît un velours partout, sentir la maison s'alourdir autour de soi dans un engourdissement de fainéantise », p. 296) ; la mort enfin.

Le roman est l'histoire de ces amollissements que donnent les refuges successifs, de cette recherche du calme à tout prix, en trouvant, même dans les échecs, le répit et une certaine satisfaction.

LA CRASSE

Ce monde est celui de la saleté et du délabrement. Les couleurs en sont délavées et sinistres : gris sale, noir, lie-de-vin, taches sanglantes des tabliers des bouchers. Les odeurs sont celles des logis pauvres que Zola connaît bien ; fortes et fades, elles sont faites de « de moisi, de graillon et de crasse » (p. 296). Et, par-dessus, domine celle de l'oignon cuit.

La graisse, la crasse, la boue, l'humidité, la moisissure, envahissent tout : corridors, appartements, loge des Boche, restaurant où mange la noce ; la Seine charrie des « nappes grasses, de vieux bouchons et des épluchures de légumes, un tas d'ordures » (p. 105).

L'homme s'englue, « [...] la chaussée [est] poissée d'une boue noire, même par les beaux temps » (p. 65), et quand il pleut, elle devient « une mare de boue coulante » (p. 100). Telle la gangrène, la crasse s'étend, sorte de force personnifiée : la chambre que Gervaise habite à l'Hôtel Boncœur montre « son papier décollé par l'humidité, ses trois chaises et sa commode éclopées, où la crasse s'entêtait (c'est nous qui soulignons) et s'étalait sous le torchon » (p. 42).

Boue, humidité, crasse « attaquent », « mangent » les murs, les vêtements (les pantalons sont mangés par la boue, les murs par une lèpre jaune, les persiennes sont pourries par la pluie, etc.). Elles s'attaquent aussi à l'homme, l'avilissent, l'animalisent et triomphent de lui en le transformant, au physique et au moral, en « ordure ».

Le tri du linge sale (chap. V) excite les instincts les plus bas des blanchisseuses : elles dévoilent avec une joie féroce les misères intimes de leurs pratiques. La crasse pousse Gervaise à la déchéance (p. 162). Plus tard, si elle quitte le lit de Coupeau, c'est pour fuir sa saleté (p. 290).

Les derniers chapitres du roman ne font finalement que reprendre, en l'aggravant, le premier où Gervaise attend déjà, « dépeignée, en savates, grelottant sous sa camisole blanche où les meubles avaient laissé de leur poussière et de leur graisse » (p. 41). La propreté de la chambre de la rue Neuve-de-la-Goutte-d'Or ou la gaieté de la boutique bleue, « couleur du ciel », ne sont que passagères : elles paraissent exceptionnelles et sont vues d'un mauvais œil dans le quartier. L'intérieur des Goujet, blanc, luisant de propreté, émerveille Gervaise et la remplit de respect comme une sorte de monde parfait et pur, celui qu'elle rêve vainement d'atteindre, une sorte de retour au paradis de l'enfance. La chambre de Goujet, surtout, toute tapissée d'images, ressemble à celle d'une jeune fille (p. 130). Mais ces deux pièces, dont « le carreau luisait d'une clarté de glace », sont aussi un monde monacal, quasi tombal.

La crasse finalement l'emporte sur Gervaise et chez elle : dans la pièce du sixième où elle habite, tout a été vendu ; seul reste un tas d'ordures. Elle en arrive à se nourrir de déchets (p. 402). Elle n'est plus qu'une loque, un « guignol » (p. 420), « une caricature » (p. 420) ; elle ne vit même plus comme un animal ; elle habite « un vrai chenil, maintenant, où les levrettes qui portent des paletots, dans les rues, ne seraient pas demeurées en peinture » (p. 400).

L'analyse dégage ainsi un répertoire complexe d'images, de symboles, de métaphores, de thèmes, de réseaux d'associations, que nous n'avons que partiellement étudiés. Odeurs, couleurs, topographie, temps, hallucinations, angoisses, forces et lois :

> Bref, c'est tout un système du monde qu'on pourrait reconnaître dans *L'Assommoir*, et un tel roman est, à cet égard, moins la photographie du réel qu'une œuvre de poète, une création véritable, écrit Marcel Girard.

9 | Les significations du roman

DES JUGEMENTS CONTRADICTOIRES

L'Assommoir est une des œuvres qui souleva le plus de critiques, la plupart du temps extrêmement virulentes. L'adaptation théâtrale à laquelle collabora Zola et qui remporta un très grand succès populaire les fit redoubler. Le romancier devint la cible des caricaturistes. On le représenta en égoutier, en vidangeur, en chiffonnier à la recherche du document humain. Seuls quelques créateurs comme Mallarmé ou Huysmans apprécièrent d'emblée sa nouveauté.

Le jugement de Flaubert, d'abord négatif, varia selon les correspondants auxquels il écrivait. Voici quelques exemples de ses critiques :

> J'ai lu par hasard un fragment de *L'Assommoir* […]. Je trouve cela ignoble, absolument. Faire vrai ne me paraît pas être la première condition de l'art. Viser au beau est le principal, et l'atteindre si l'on peut.
> (À la princesse Mathilde, 4 octobre 1876.)

> Je crois qu'il se coule avec *L'Assommoir*. Le public, qui venait enfin à lui, s'en écartera – et n'y reviendra plus. Voilà où mène la rage des partis pris, des systèmes ! Qu'on fasse parler les voyous en voyous, très bien ! mais pourquoi l'auteur prendrait-il leur langage ? et il croit ça fort, sans s'apercevoir qu'il atténue, par ce chic, l'effet même qu'il veut produire.
> (À Tourgueniev, 28 octobre 1876.)

Mais, en février 1877, il avait changé d'avis, disant combien il préférait *L'Assommoir* à *La Fille Élisa* des Goncourt, « sommaire et anémique » : « Il y a dans ces longues pages malpropres une puissance réelle et un tempérament incontestable. »

À gauche, chez les socialistes proches du pouvoir, on s'emporte contre une œuvre qui donne, pense-t-on, une image négative de la classe ouvrière. On accuse Zola d'avoir pour le peuple un mépris de bourgeois, doublé d'un mépris d'artiste faisant de l'art pour l'art, d'un « mépris néronien ».

Sur un sujet aussi brûlant et aussi controversé, les questions sont nombreuses et les jugements sur l'œuvre ont été et sont toujours très divergents.

Avec *L'Assommoir,* Zola a voulu faire entendre « la voix du grand absent », faire entrer le peuple dans la littérature française avec sa langue, ses habitudes de vie et de travail, les problèmes auxquels il était confronté, sans l'idéaliser comme l'avait fait Victor Hugo dans *Les Misérables* (1862).

LE SENS DU TITRE

Le terme « assommoir » a plusieurs significations. À un premier niveau, c'est, selon Denis Poulot dont Zola a consulté l'ouvrage (voir ci-dessus, p. 35), le nom qu'on donnait dans les faubourgs au distillateur et débitant d'alcool, ainsi nommé à cause de la mauvaise qualité de ses produits qui assommaient rapidement un individu. Par suite, ce fut « le nom d'un cabaret de Belleville qui est devenu celui de tous les cabarets de bas étage, où le peuple boit des liquides frelatés qui le tuent », selon une autre source de Zola, Alfred Delveau (*Dictionnaire de la langue verte. Argots parisiens comparés,* Éd. Dentu, Paris, 1866).

Un assommoir, c'est aussi un instrument qui assomme, une sorte de matraque, dont on se servait pour tuer le bétail. Zola emploie, également, le terme en ce sens, par la bouche de Gervaise :

> […] la mauvaise société, disait-elle, c'était comme un coup d'assommoir, ça vous cassait le crâne, ça vous aplatissait une femme en moins de rien (chap. II, p. 75).

C'est parce qu'il lui donne ce sens que Zola multiplie également les métamorphoses animales, comparant les ouvriers qui partent ou qui reviennent du travail à un troupeau et Gervaise à une bête de somme, ou qu'il donne, dans l'espace qu'il crée, une importance capitale aux abattoirs et à l'hôpital.

Un assommoir est, enfin, selon le *Grand Dictionnaire Universel du XIXe siècle* de Pierre Larousse, que Zola consultait sans cesse, « une sorte de piège disposé de manière à assommer les renards, les blaireaux et autres bêtes puantes ». La société dans laquelle vit Gervaise fonctionne bien comme un piège dans lequel elle tombe et auquel elle ne peut échapper. Le mastroquet du père Colombe ou la grande maison ouvrière sont deux formes, parmi d'autres, de ce piège. La construction du roman (voir ci-dessus, p. 46) impose au lecteur cette idée que la condition ouvrière est un inéluctable engrenage.

Zola a donc choisi ce titre pour sa forte puissance évocatoire sur le plan sociologique et sur le plan fantasmatique : il parle à n'importe quel lecteur ; il l'a aussi choisi pour sa capacité à rassembler les thèmes du roman en un tout cohérent.

UN CONSTAT OBJECTIF

Une étude ethnographique des faubourgs ouvriers

« Mettre à nu les plaies ouvertes », telle est la devise de Zola dans ce roman ouvrier. Telle est la conception du roman qu'il avait affirmé dès 1866 :

> J'ai peu de sympathie, je l'avoue, pour les histoires de convention, pour ces contes romanesques qui nous charment pendant une heure ; j'aime les récits âpres et vrais qui fouillent hardiment en pleine nature humaine, j'aime les audaces de la pensée et les audaces de la forme.
> (*L'Événement*, 27 avril 1866.)

Il définit l'œuvre d'art comme « un coin de la création vu à travers un tempérament ».

Zola a donc voulu, avec *L'Assommoir*, « éclairer violemment des souffrances et des vices, que l'on peut guérir. [...] Voilà comment on vit et comment on meurt. Je ne suis qu'un greffier ». (*Le Bien public* du 13 février 1877.)

On peut dire qu'il donne une vision ethnographique du faubourg de la Goutte-d'Or dans la seconde moitié du XIXe siècle, si on définit, d'après le *Grand Dictionnaire Universel,* l'ethnographie comme une branche des sciences humaines qui a pour objet l'étude descriptive de toutes les activités d'un groupe humain déterminé (techniques matérielles, organisation sociale, croyances religieuses, etc.). Non seulement il décrit avec intérêt et sympathie le travail des petits artisans, mais il s'attache aussi à leurs rituels, à leurs fêtes, à la manière dont ils vivent les grands moments de l'existence (naissance, communion, mariage, mort, mais aussi à leur quotidien (difficultés matérielles, hantise du chômage, terme à payer, fins de mois difficiles, disputes, cancans, et lieux de vie).

> La question du logement est capitale, affirme-t-il, dans l'article cité ; les puanteurs de la rue, l'escalier sordide, l'étroite chambre où dorment pêle-mêle les pères et les filles, les frères et les sœurs, sont la grande cause de la dépravation des faubourgs.

Il s'est « préoccupé de présenter tous les types saillants d'ouvriers » qu'il a observés : « J'ai [...] cherché et arrêté mes personnages de façon à incarner en eux les différentes variétés de l'ouvrier parisien. »

La loi du plus fort

Zola ne se contente pas de décrire de la manière la plus exhaustive possible le groupe social qu'il étudie. Il en démonte les mécanismes de fonctionnement, analyse les conséquences de ce qu'il décrit. Il montre ainsi comment le groupe est structuré par une hiérarchie identique à celle de la société. La répartition des logements dans la grande maison locative, le trajet que fait Gervaise de la belle boutique bleue à la niche sous l'escalier dans le « coin des pouilleux » au sixième étage, en donne l'image. Le quartier fabrique ses exclus et les élimine.

Gervaise est, comme le père Bru, une laissée-pour-compte de la société. Alors qu'elle était compatissante et serviable, personne ne l'aide. Le groupe ne s'intéresse plus à elle, quand elle a des difficultés, que par curiosité (on épie ses relations avec Lantier, on veut savoir comment est Coupeau à l'hôpital), ou par méchanceté. On la ravale au rang d'une bête immonde. On finit même par l'oublier. Le narrateur nous donne au chapitre XII une image désespérante de cette solitude lorsqu'il peint Gervaise, précocement vieillie et avachie, « roulée au milieu du flot », « seule et abandonnée dans la cohue » du boulevard un soir d'hiver.

Le groupe, montre Zola, est régi, comme le reste de la société par la loi du plus fort. Il n'y a, entre les gens de la Goutte-d'Or, aucune entraide : ceux qui pourraient aider l'héroïne sont ou aussi malheureux qu'elle, ou, comme les Lorilleux, d'un égoïsme féroce, seule manière, dans cet univers régi par la dure loi du profit, de s'en sortir. C'est ce que la provinciale Gervaise, toujours accueillante, voulant rassembler autour d'elle hommes et femmes, voulant retrouver dans le faubourg parisien les façons de vivre de Plassans, n'a jamais compris. Elle n'a jamais su s'adapter au milieu dans lequel elle a été transplantée. Comme le dit Zola dans son dossier préparatoire, toutes ses qualités se retournent contre elle.

UN TABLEAU INCOMPLET, TROP NOIR ET RÉACTIONNAIRE ?

L'intrigue du roman (1851-1869) est contemporaine des débuts du mouvement ouvrier. Rappelons trois faits historiques :
– le Manifeste des Soixante rédigé par Tolain et réclamant, le 17 janvier 1864, l'émancipation sociale pour les ouvriers ;
– la loi Ollivier du 25 mai suivant, autorisant les coalitions et la grève ;
– la fondation à Londres, le 28 septembre de la même année, de la première Association internationale des travailleurs, dont le manifeste est dû à Karl Marx. Le bureau français ne fut ouvert à Paris qu'en juillet 1865.

C'est en se référant à ces faits historiques qu'on a reproché à Zola le choix du milieu qu'il a peint.

> *L'Assommoir*, écrit Jean Fréville, ne représente qu'une fraction retardataire, apolitique, du prolétariat, une arrière-garde coupée de l'armée en marche, sans aucun lien avec les ouvriers de la grande industrie naissante, des chantiers de construction, des immeubles industriels dont les patrons louaient la force motrice. Pour

dépeindre le vrai peuple, il aurait fallu montrer son visage révolutionnaire, les caractéristiques de la classe ouvrière, ne pas s'en tenir au petit atelier[1].

On lui a reproché aussi de n'avoir peint qu'une couche spéciale et très limitée du peuple : des ivrognes, un profiteur fainéant (Lantier), des coquins, des brutes. La République, a-t-on remarqué plusieurs fois, est défendue dans le roman par Lantier, le type du beau parleur fainéant et suborneur, et par Goujet, bête à force de bonté et de naïveté. Or, affirme Edmond Lepelletier :

> Il n'y a pas que de la débauche et de l'ivrognerie dans les faubourgs, et les ouvriers laborieux, sobres, rangés, sont encore en majorité [...]. L'ouvrier politicien, le socialiste doctrinaire, et le militant révolutionnaire absents, la représentation de la vie ouvrière se trouve incomplète[2].

En fait, sous le Second Empire, les usines sont rares à Paris. Zola a rendu avec exactitude l'univers du faubourg parisien, où les problèmes de la lutte du Capital et du Travail ne se posaient pas encore comme ils devaient le faire dans *Germinal*. Zola a refusé de poser dans *L'Assommoir* la question politique pour s'attacher à la description du milieu et de ses conséquences sur les personnages. Il s'est, en particulier, attaché à peindre les ravages du grand fléau de l'époque, l'alcoolisme, problème urgent à résoudre.

On a encore reproché au roman la vision petite-bourgeoise de la société et la morale qui s'en dégagent. Gervaise aurait pu être heureuse si son mari ne s'était pas mis à boire. Travail et épargne l'auraient fait accéder à la propriété, bonne solution pour résoudre le problème social. En fait, ainsi que nous l'avons vu, tout le roman plaide pour l'impossibilité d'une telle solution, qui était, au contraire, prônée par des penseurs contemporains contre les idées desquels Zola s'insurge.

---

1. Fréville J., *Zola, semeur d'orages,* Éditions Sociales, 1952, p. 101.
2. Lepelletier E., *Émile Zola, sa vie, son œuvre,* Éd. Mercure de France, Paris, 1908, p. 305.

UN RÉQUISITOIRE VIOLENT
CONTRE LA SOCIÉTÉ EN PLACE

L'Assommoir exprime des idées que Zola développe dans des articles de journaux ou dans ses œuvres depuis des années. De 1868 à 1870, il a pris une part active à la lutte contre le régime de Napoléon III. Il a dénoncé les inégalités sociales, l'étalage du luxe des parvenus, soutiens du régime (voir, en particulier, *La Curée*), face à la misère grandissante des autres.

S'il n'attaque pas les structures mêmes de la société, causes des conditions de vie qui sont faites aux ouvriers, il fait tout de même dans *L'Assommoir* un réquisitoire violent contre cette société. Parce qu'elle tolère l'alcoolisme, et contribue même à le développer ; parce qu'elle contraint au chômage, donne des salaires insuffisants, pousse à la prostitution ou au vol, n'assure pas contre les accidents, les maladies, la vieillesse ; parce que la promiscuité, l'étroitesse des logements, le manque d'éducation, le travail dès l'âge de onze ou douze ans, rendent les gens envieux, bêtes, méchants, superstitieux, malhonnêtes. Les ouvriers sont englués dans un univers qui, nous l'avons vu, est hostile et les dégrade. Même un travail acharné ne pourrait les sortir de leur condition : les difficultés matérielles restent insurmontables (Goujet, le parfait ouvrier, gagne de moins en moins, et il ne peut faire des économies que parce qu'il est célibataire) ; ce travail écrasant, fait dans des conditions difficiles, abrutit l'homme, le rend esclave au lieu de le libérer (les Lorilleux paient leur terme, mais ils mènent « une vie d'araignées maigres » ; ils sont aigris, méchants). On peut se demander si Gervaise aurait eu des chances de rembourser ses dettes énormes si elle avait continué à travailler jour et nuit. Zola ne semble pas y croire, même si, au fond de lui, il veut garder l'idée que le travail et la vertu sont toujours récompensés.

QUELLES RÉFORMES POUR L'AVENIR ?

Comme de nombreux penseurs de son époque, Zola pense qu'il faut faire des réformes immédiatement afin d'éviter une explosion sociale. Il a, comme la masse des Français, été profondément choqué par la Commune (gouvernement révolutionnaire formé à Paris et dans plusieurs villes de province en mars 1871, après la défaite française devant les Prussiens et le siège de Paris. La commune fut écrasée deux mois plus tard par le gouvernement de Thiers). Zola peindra des ouvriers alcooliques, beaux parleurs fainéants, pervertisseurs des ouvriers naïfs et honnêtes, dans une nouvelle, *Jacques Damour* (1880), et dans la dernière partie de *La Débâcle* (1892). Il a peur du chaos révolutionnaire. C'est pour éviter ce chaos qu'il préconise des réformes. Le roman se veut prédicatoire : le flot d'alcool qui coule dans les rues de la Goutte-d'Or menace d'envahir Paris ; ce flot est, évidemment, métonymie[3] de l'ouvrier.

Toutefois, Zola refuse toute condamnation sans nuance de l'ouvrier, comme il refuse d'en présenter une vision optimiste et euphorisante. Il dit le « vrai », quelque pénible qu'il soit, parce que ce tableau du vrai « porte sa morale en soi » :

> Quant à ma peinture d'une certaine classe ouvrière, elle est telle que je l'ai voulue, sans une ombre, sans un adoucissement. Je dis ce que je vois, je verbalise simplement, et je laisse aux moralistes le soin de tirer la leçon. [...] Je me défends de conclure dans mes romans, parce que, selon moi, la conclusion échappe à l'artiste.

La leçon de *L'Assommoir,* Zola la dégage toutefois dans un article où il répond à ses détracteurs : l'ivrognerie dévore le peuple, mais elle est une conséquence du « travail écrasant qui rapproche l'homme de la bête », du « salaire insuffisant qui décourage et fait chercher l'oubli », et surtout des conditions de vie déplorables. L'étroitesse des logements, la promiscuité, l'entassement, la saleté jettent leurs habitants à la rue (où femmes et enfants se dépravent, comme Nana), ou au cabaret. « Oui, affirme-t-il, le peuple est ainsi, mais parce que la société le veut bien. »

---

3. *Métonymie* : figure de style consistant à remplacer un mot par un autre entretenant avec le premier un rapport logique. La métonymie désigne un contenu par son contenant (« boire un verre »), un objet par sa matière (« les cuivres » pour « les instruments en cuivre »).

Il est donc urgent de fermer les cabarets, d'ouvrir des écoles, d'assainir les faubourgs, d'augmenter les salaires. Il le répète dans une lettre du 9 septembre 1876 :

> Instruisez l'ouvrier pour le moraliser, dégagez-le de la misère où il vit, combattez l'entassement et la promiscuité des faubourgs où l'air s'épaissit et s'empeste, surtout empêchez l'ivrognerie qui décime le peuple en tuant l'intelligence et le corps.

Zola montre l'importance capitale de l'espace privé et de son appropriation dans la constitution de la personnalité. L'exemple de Gervaise, qui se fait déposséder de son « territoire », est frappant : l'espace individuel ne peut ni se rétrécir ni se dilater impunément, sans produire des fêlures, des craquements dans le Moi. Bien avant Freud, Zola a eu des intuitions très modernes sur le comportement de l'homme, sur ses relations avec autrui, sur la psychologie du groupe, sur les processus d'intégration ou de marginalisation.

Les questions soulevées par Zola : la responsabilité de la société, l'impossibilité pour les ouvriers de s'en sortir sans réformes, conservent malheureusement toujours leur actualité. De nos jours, on parlerait du problème des banlieues, de drogue, d'amélioration des conditions de vie dans les grands ensembles.

10 | Un roman naturaliste

Dans un célèbre article théorique intitulé « Le Roman expérimental » (1880), Zola affirme :

> Un reproche bête qu'on nous fait, à nous autres écrivains naturalistes, c'est de vouloir être uniquement des photographes. [...] Nous partons bien des faits vrais, qui sont notre base indestructible ; mais pour monter les mécanismes des faits, il faut que nous produisions et que nous dirigions les phénomènes ; c'est là notre part d'invention, de génie dans l'œuvre.

Le romancier, comme le savant, monte une expérience. Pour l'écrivain, monter une expérience, c'est mettre en place un scénario, bâtir le canevas de son futur récit. Il faut insister sur ces affirmations de Zola, retenir qu'il donne, comme le faisait son modèle, le savant Claude Bernard, dans son *Introduction à la médecine expérimentale,* la première place à l'invention, à l'intuition, à l'hypothèse, et non à la « mimésis », c'est-à-dire à la reproduction du réel.

DU RÉEL AU SYMBOLE

Réalité et stéréotypes

Ses enquêtes sur le milieu ouvrier, ses visites sur le terrain, les notes qu'il a prises, et les faits dont il a entendu parler, et bien sûr ses expériences personnelles démontrent que Zola prend en compte le réel.

Il reprend, également, des idées toutes faites, des personnages stéréotypés, des scènes habituelles dans un certain théâtre, le mélodrame, comme on le voit dans les toutes premières réflexions qu'il a notées sur son projet. Il y reprend les clichés, courants à l'époque dans ce qu'on pourrait appeler, schématiquement, une certaine optique bourgeoise, sur l'alcoolisme, la violence et le relâchement des mœurs ouvrières. On voit ce poids du stéréotype à la première page du roman, par exemple, dans la description que Zola fait de la chambre de Gervaise et Lantier à l'hôtel Boncœur. Il situe sociologiquement le récit dès les premières lignes, en insistant particulièrement sur les vêtements que porte Gervaise, sur les meubles de sa chambre, sur ce qu'elle voit de sa fenêtre. Mais le décor qu'il décrit avec une grande précision à travers le regard de la jeune femme n'existe pas en tant que tel. Il ne s'agit pas d'un lieu qui aurait réellement existé. Zola imagine et donne à voir une chambre d'hôtel garni misérable, d'après la manière dont on avait l'habitude de se le représenter. D'où les signes de la misère et du laisser-aller : une table graisseuse, un pot à eau ébréché, du linge sale qui traîne. Zola choisit et accumule ces détails pour leur valeur évocatoire et symbolique. Gervaise est décrite selon les mêmes principes, dépeignée, en savates, la camisole sale.

▌« Le saut dans les étoiles »

Zola ne veut jamais être esclave du réel. Celui-ci doit se plier à l'idée à traiter, qu'il explicite dans ce qu'il appelle son « Ébauche » (dossier préparatoire), avant toute enquête. L'essentiel est de convaincre le lecteur, de lui donner un frisson, de lui faire prendre conscience de l'urgence de réformes.

Autre exemple des libertés que Zola prend avec le réel : nous avons vu comment il crée l'espace de *L'Assommoir,* au prix d'un anachronisme volontaire, pour pouvoir jouer avec la portée symbolique des limites qu'il lui donne : l'abattoir, l'hôpital, la « bande de désert » qui longe le mur de l'octroi. Cet espace clos, dangereux, sinistre, laisse prévoir, d'emblée, le sort tragique de Gervaise.

Zola n'hésite pas à utiliser des images fortes, des scènes frappantes souvent empruntées au mélodrame, comme celle de la mort de Lalie Bijard, ou encore la vision des deux enfants de Gervaise enlacés dans leur sommeil et ignorants du drame, sous le regard éploré de leur mère. Il repousse « l'imagination, si l'on entend par là l'invention des faiseurs de romans-feuilletons » (« Le Roman expérimental »), mais il passe directement au symbole, voire au mythe, qui imposent leur force au lecteur. Il ne se borne jamais à rendre le réel dans sa platitude et sa quotidienneté :

> Nous mentons tous plus ou moins. […] Je crois encore que je mens pour mon compte dans le sens de la vérité. J'ai l'hypertrophie du détail vrai, le saut dans les étoiles sur le tremplin de l'observation exacte. La vérité monte d'un coup d'aile jusqu'au symbole[1].

Son but est pédagogique. Il veut analyser les lois de fonctionnement de l'homme et de la société en vue de les améliorer. Le sous-titre des *Rougon-Macquart, Histoire naturelle et sociale d'une famille sous le Second Empire,* indique son double projet : montrer que l'homme est fabriqué par le milieu dans lequel il vit (« histoire sociale ») et par son hérédité (« histoire naturelle »). Pour ce faire, Zola s'appuie sur les dernières découvertes de la science en matière de médecine et de physiologie. Grâce à ces traités et à son intuition, il analyse les dégénérescences, les névroses, la folie, les entraînements qui emportent l'homme malgré lui, la vie du corps dépossédé de toute volonté (on pense aux crises de *delirium tremens* de Coupeau).

Le naturalisme zolien est un effort de conciliation, souvent difficile, entre deux tendances, deux héritages opposés : d'un côté, la part laissée dans l'œuvre d'art au tempérament, à la personnalité, à l'individualité, c'est l'héritage romantique ; de l'autre, une méthode et des connaissances empruntées aux sciences, la confiance dans leur capacité à apporter le bonheur à l'homme, c'est le mythe contemporain du Progrès auquel Zola adhère pleinement.

UN REGARD DE PEINTRE

Un grand peintre de la rue

D'un côté, il y a, chez le romancier, une volonté de noircir son tableau, visible dès les notes qu'il a prises sur le terrain : il multiplie les remarques dépréciatives, il est attiré par la boue, la saleté, la

---

1. Zola, Lettre à Céard, 22 mars 1885.

puanteur, « l'odeur fade des logis pauvres ». Dans tous les lieux du roman, ces caractéristiques seront omniprésentes. Quelles que soient l'envie et la volonté de Gervaise, dès le chapitre I, de se débarrasser de la crasse physique et morale qui l'environne, elle échouera : Zola condamne les conditions de vie faites aux ouvriers dans les faubourgs, dont il donne une vision sinistre.

En même temps, les notes qu'il a prises sur le terrain, comme le roman, révèlent le regard aigu d'un peintre attentif aux spectacles de la rue, habile à croquer un geste, à rendre une atmosphère, tous les sens en éveil. Zola sait saisir non pas simplement le pittoresque du quartier populeux de la Goutte-d'Or, des faubourgs où les Goncourt sont allés chercher, au moment où ils écrivaient *Germinie Lacerteux,* des sensations exotiques, mais ses particularités, ses modes de vie. Il promène un regard avide de savoir. *L'Assommoir* fourmille de « choses vues ».

Zola est un grand peintre de la rue, dont il rend l'animation à toutes les heures de la journée et à toutes les saisons. Il le fait à travers le regard, les impressions de ses personnages, en une succession de sensations, d'instantanés. Ainsi, au chapitre II, Gervaise est attablée avec Coupeau à l'Assommoir du père Colombe, elle regarde l'animation de la rue au moment de la pause du déjeuner :

> […] un défilé continu d'ouvrières, en longs tabliers, emportaient des cornets de pommes de terre et des moules dans des tasses ; d'autres, de jolies filles en cheveux, l'air délicat, achetaient des bottes de radis. Quand Gervaise se penchait, elle apercevait encore une boutique de charcutier, pleine de monde, d'où sortaient des enfants, tenant sur leur main, enveloppés d'un papier gras, une côtelette panée, une saucisse ou un bout de boudin tout chaud (chap II, p. 65).

Ce sont autant de tableautins qui peuvent rivaliser avec ceux que réalisaient les amis peintres de Zola, comme lui attirés par les scènes de la vie de tous les jours, les jeux de la lumière sur les objets, les cheveux, le grain d'une peau, le mouvement, le grouillement de la rue :

> C'était un envahissement du trottoir, de la chaussée, des ruisseaux, un flot paresseux coulant des portes ouvertes, s'arrêtant au milieu des voitures, faisant une traînée de blouses, de bourgerons et de vieux paletots, toute pâlie et déteinte sous la nappe de lumière blonde qui enfilait la rue (chap. II, p. 67).

Zola s'intéresse aux jeux de lumière, aux couleurs, aux formes, à la qualité de l'air, en un mot à l'atmosphère. Il possède l'art du croquis pris sur le vif, de l'attitude esquissée en quelques mots, de la caricature aussi, mais qui, dans ce roman, reste toujours bon enfant. Rien des traits mordants par exemple que l'on trouve dans *Pot-Bouille*, le pendant bourgeois de *L'Assommoir*. La description de Gervaise sur le seuil de sa porte, celles des blanchisseuses au travail, de la rue à midi, de la foule sur les boulevards, font songer, par le choix des sujets et par la technique, à tel ou tel tableau de Degas, de Monet, de Guillemet... Zola est habile à happer la vie dans sa diversité et son quotidien, ce que reconnut aussitôt Huysmans qui admirait particulièrement « les premières pages où la vie fourmille et grouille avec une pareille intensité » :

> Les coins de Paris, les rues, les boulevards, foisonnent dans *L'Assommoir*. Le remuement de la populace, le murmure, la houle de la multitude, flottent ou mugissent dans l'orchestre puissant du style[2].

Un art impressionniste

On peut parler d'art impressionniste dans la mesure où le naturalisme de Zola cherche moins à rendre avec précision l'exactitude des choses, à les décrire en elles-mêmes, qu'à traduire l'effet qu'elles font sur les personnages, la perception qu'ils en ont. Il use de mots abstraits, il se contente souvent de verbes neutres (faire, mettre, avoir, être) pour mettre en relief l'image, la couleur, la sensation. Il en arrive à procéder, comme les peintres impressionnistes, par petites touches juxtaposées. On peut relire en ce sens la description du lavoir (chap. I). Rappelons, pour mémoire, que le Salon des refusés, où les amis de Zola, les futurs impressionnistes, exposèrent des toiles qui choquèrent pour leur manière nouvelle de rendre la nature, se tint en 1863, au moment où Zola écrivait ses premières œuvres.

---

2. « Émile Zola et *L'Assommoir* », *L'Actualité de Bruxelles*, mars-avril 1877, quatre articles repris en plaquette.

UNE ÉCRITURE VISIONNAIRE

Le monde de *L'Assommoir* est peuplé de forces hostiles, d'objets, et de lieux qui s'animent d'une vie surréelle. Cette écriture visionnaire caractérise le naturalisme zolien.

Paris, vaste inconnu, dévore chaque matin le troupeau des ouvriers (p. 37), comme il prend au piège la noce. Les invités tournent dans les salles du Louvre avec un « piétinement de troupeau débandé », comme des rats dans une nasse (p. 101 et suiv.). Le Louvre, avec ce qu'il représente de culture et de richesse, est pour eux un monde où ils se sentent étrangers : « Ce fut avec un grand respect, marchant le plus doucement possible, qu'ils entrèrent dans la galerie française » (p. 102), une sorte de temple dont ils finissent par avoir peur.

L'Assommoir du père Colombe, doué d'une vie fascinante et terrifiante, est un exemple étonnant de ces êtres dont Zola peuple l'univers de ses personnages. Les formes étranges de l'alambic (p. 69) frappent l'écrivain ; elles s'animent d'une vie surréaliste : « On aurait dit la fressure[3] de métal d'une grande gueuse, de quelque sorcière qui lâchait goutte à goutte le feu de ses entrailles » (p. 356). La vision devient bientôt hallucination – Gervaise « se sent prise par les pattes de cuivre » de la bête contre laquelle elle veut se battre (p. 358) –, et elle atteint à l'épique : du « bedon de cuivre » s'échappe sans interruption une « sueur d'alcool » capable d'inonder tout le quartier de la Goutte-d'Or et même Paris.

On songe immédiatement à la mine de *Germinal,* le Voreux ; ou à la Lison, la locomotive de *La Bête humaine*. Même forme d'imagination (le Voreux, l'alambic, la locomotive, sont d'immenses ventres aux entrailles compliquées) ; même jeu de couleurs, le rouge et le noir, le feu et les ténèbres ; même peur devant une vie infernale, morne et cachée, devant des forces démoniaques contre lesquelles l'homme ne peut rien.

---

3. Ensemble des gros viscères d'un animal (cœur, foie, rate, poumon).

Zola est un grand poète visionnaire doué du pouvoir de faire vivre les choses et de leur donner une vie symbolique. Tout s'anime autour de Gervaise. Pas seulement les machines, mais aussi les maisons. C'est là un trait caractéristique de l'imagination et de l'art de Zola : qu'on pense aux Halles du *Ventre de Paris*, au grand magasin de *Au Bonheur des Dames,* à la Bourse de *L'Argent.*

La grande maison ouvrière (p. 72 et suiv.) devient elle aussi un « organe géant », prêt à engloutir sa proie, par son « porche béant et délabré » semblable à une « gueule ouverte » (p. 426). Gervaise, en face d'elle, se sent écrasée. Caserne ou prison, la maison est à elle seule, avec ses odeurs, ses vacarmes, sa crasse, le symbole de la condition ouvrière : trois cents locataires s'entassent derrière ses « murailles grises, mangées d'une lèpre jaune », dans les pires conditions d'hygiène et de promiscuité. C'est d'elle que vient le mal. Gervaise l'accuse violemment dans l'avant-dernier chapitre : « Oui, ça devait porter malheur d'être ainsi les uns sur les autres, dans ces grandes gueuses de maisons ouvrières ; on y attrapait le choléra de la misère » (p. 427).

C'est une « ville », ou plutôt un labyrinthe (voir p. 149). Gervaise suit un dédale infini de couloirs étroits – de vrais boyaux –, d'escaliers obscurs et interminables dont la description rappelle celle des rues et des carrefours de la mine de *Germinal.* Comme le sera le mineur, l'ouvrier est enfermé dans une sorte de souterrain, obscur et boueux (p. 80). La montée chez les Lorilleux, le long de « l'escalier B » (p. 80), est peut-être le symbole de la quête difficile, voire impossible, de l'or qui se cache tout en haut, au fond du boyau qui sert d'appartement au chaîniste et qu'ils gardent jalousement. C'est surtout un raccourci frappant de la vie de la maison et de celle de Gervaise : une lente et douloureuse montée, dans l'obscurité, vers le « coin des pouilleux ». Vue d'en bas, la cage de l'escalier est une spirale interminable qui se termine sur un ciel noir (p. 80) ; vue d'en haut, c'est un puits de ténèbres (p. 88) ; il est à peine éclairé par une « étoile tremblotante » ou « la goutte de clarté d'une veilleuse », espoir infime de bonheur au seuil d'une vie pleine de menaces qui terrifie Gervaise : elle fouille « avec inquiétude les ombres grandies de la rampe » (p. 88).

TROISIÈME PARTIE

Six lectures méthodiques

Et elle se leva. Coupeau, qui approuvait vivement ses sou-
haits, était déjà debout, s'inquiétant de l'heure. Mais ils ne
sortirent pas tout de suite ; elle eut la curiosité d'aller regarder, au fond, derrière la barrière de chêne, le grand alambic
5   de cuivre rouge, qui fonctionnait sous le vitrage clair de la
petite cour ; et le zingueur, qui l'avait suivie, lui expliqua
comment ça marchait, indiquant du doigt les différentes
pièces de l'appareil, montrant l'énorme cornue d'où tombait
un filet limpide d'alcool. L'alambic, avec ses récipients de
10 forme étrange, ses enroulements sans fin de tuyaux, gardait
une mine sombre ; pas une fumée ne s'échappait ; à peine
entendait-on un souffle intérieur, un ronflement souterrain ;
c'était comme une besogne de nuit faite en plein jour, par un
travailleur morne, puissant et muet. Cependant, Mes-
15 Bottes, accompagné de ses deux camarades, était venu s'ac-
couder sur la barrière, en attendant qu'un coin du comptoir
fût libre. Il avait un rire de poulie mal graissée, hochant la
tête, les yeux attendris, fixés sur la machine à soûler. Tonnerre de Dieu ! elle était bien gentille ! Il y avait, dans ce gros
20 bedon de cuivre, de quoi se tenir le gosier au frais pendant
huit jours. Lui, aurait voulu qu'on lui soudât le bout du ser-
pentin entre les dents, pour sentir le vitriol encore chaud,
l'emplir, lui descendre jusqu'aux talons, toujours, toujours,
comme un petit ruisseau. Dame ! il ne se serait plus déran-
25 gé, ça aurait joliment remplacé les dés à coudre de ce roussin[1] de père Colombe ! Et les camarades ricanaient, disaient
que cet animal de Mes-Bottes avait un fichu grelot[2], tout de
même. L'alambic, sourdement, sans une flamme, sans une
gaieté dans les reflets éteints de ses cuivres, continuait, lais-

---

1. *Roussin* : indicateur de la police.
2. *Grelot* : langage, en argot.

30 sait couler sa sueur d'alcool, pareil à une source lente et entêtée, qui à la longue devait envahir la salle, se répandre sur les
boulevards extérieurs, inonder le trou immense de Paris.
Alors, Gervaise, prise d'un frisson, recula ; et elle tâchait de
sourire, en murmurant :

35 — C'est bête, ça me fait froid, cette machine... la boisson me fait froid...

INTRODUCTION

▌Situer le passage

Gervaise retrouve Coupeau, un ouvrier zingueur, à l'Assommoir, le
bistrot du père Colombe. Coupeau est amoureux de Gervaise, et
voudrait se mettre en ménage avec elle. Tous deux partagent le
même désir d'une vie digne et tranquille, et le même refus de l'alcool.
Chacun de leur côté, ils ont eu à souffrir de ses ravages. Le père de
Gervaise battait sa mère quand il était saoul ; ivre, celui de Coupeau
s'est tué en tombant d'un toit. Aussi se gardent-ils soigneusement
de boire de l'eau-de-vie.

▌Dégager des axes de lecture

L'alambic du père Colombe est au centre du passage. Dès la première présentation de l'appareil qui va jouer un rôle symbolique
essentiel dans le roman, on pressent son importance. La machine à
distiller l'eau-de-vie est envisagée de deux points de vue différents,
ceux de Gervaise et de Mes-Bottes. On montrera dans un premier
axe de lecture la richesse de signification que lui donne ce procédé
d'alternance des points de vue, puis les moyens par lesquels le récit
fait vivre cet inquiétant « personnage » qu'est l'alambic.

PREMIER AXE DE LECTURE
L'ALTERNANCE DES POINTS DE VUE

La composition du passage fait alterner les points de vue, ce qui
structure le texte en trois temps : c'est d'abord Gervaise qui regarde
avec étonnement et crainte cet objet extraordinaire (l. 1-14). Puis elle

est relayée par Mes-Bottes, camarade de Coupeau, qui représente l'opinion de l'alcoolique (l. 14-28). Enfin, on revient dans une troisième partie à un point de vue moins nettement situé : c'est sans doute Gervaise qui rêve, mais c'est aussi Zola qui pose son regard visionnaire sur la machine monstrueuse.

Le regard de Gervaise

Gervaise éprouve d'abord un sentiment de curiosité devant l'alambic, dont Coupeau lui explique le fonctionnement. La taille imposante de l'appareil la surprend, ainsi que la forme « étrange » de ses récipients, et l'enroulement « sans fin » (l. 10) de ses tuyaux. Dès le premier regard, il possède quelque chose d'inquiétant, avec sa couleur de « cuivre rouge » : le rouge est tout particulièrement chez Zola la couleur du sang et de la violence. Le contraste entre la cornue « énorme » et le « filet limpide » qui en tombe, intrigue. C'est bien une « cuisine du diable » (p. 62) qui s'accomplit dans cette étrange machine. Cependant, elle semble déjà exercer sur Coupeau et Gervaise une sorte de fascination, puisqu'ils s'attardent malgré eux, malgré l'heure tardive.

Le fantasme d'un ivrogne

Mes-Bottes, alcoolique notoire, est un familier de l'alambic. C'est pourquoi il possède un point de vue bien différent de celui de Gervaise. Il est tout rempli d'attendrissement et de gratitude à l'égard de la « machine à soûler » (l. 18). Dans son bavardage d'ivrogne, il établit avec sa bienfaitrice un rapport de familiarité et même d'affection : il la trouve « bien gentille » (l. 19), comme une vieille camarade. La féminisation de l'alambic renforce cette dimension affective. De même, on sent dans l'allusion au « gros bedon » (l. 20) une nuance amicale. En traitant l'alambic avec cette familiarité appuyée, il tend à le démystifier et à le rendre inoffensif.

Ses désirs d'éternel assoiffé s'expriment dans le fantasme qui suit. Mes-Bottes imagine que l'alambic lui déverse en continu son « vitriol » dans la bouche. Il rêve de se trouver uni et même soudé à la machine, dans une continuité totale avec elle. Il voudrait sentir le liquide le pénétrer jusqu'aux extrémités de son corps, chaud comme du sang. Ce fantasme peut s'interpréter comme un rêve d'abondance. Chez cet ouvrier pauvre, buveur et mangeur insatiable, c'est le rêve d'une ivresse totale et ininterrompue. Mais on retrouve aussi un fantasme zolien, celui de l'alcool envahissant tout l'organisme, et finissant par se substituer complètement au sang. Surpris par l'étrangeté de ce fantasme, ses camarades ricanent, ce qui traduit leur malaise.

La verve du langage

Mes-Bottes et ses camarades s'expriment dans le langage populaire, avec son argot pittoresque et sa verdeur. Zola veut montrer dans son roman comment parle le peuple, et y réussit. Relevons quelques caractéristiques de cette langue. Elle use souvent de qualificatifs à valeur dépréciative, qui donnent aux propos force et vigueur, « ce roussin de père Colombe » (l. 25), « cet animal de Mes-Bottes » (l. 27) ; elle utilise de nombreuses images, comme le « grelot » pour la parole, le « bedon » (c'est-à-dire le ventre) pour la cornue, les « dés à coudre » pour les petits verres. L'image a souvent une valeur hyperbolique et intensive, comme dans le « vitriol » qui désigne l'eau-de-vie. Les jurons sont présents, à cause de leur force expressive : « Tonnerre de Dieu ! » Tous ces éléments correspondent à une recherche de l'expressivité, qui est en effet le trait le plus remarquable de la langue populaire.

DEUXIÈME AXE DE LECTURE
LA PERSONNIFICATION DE L'ALAMBIC

Pour Gervaise comme pour Mes-Bottes, l'alambic est un personnage vivant. La dimension symbolique de l'alambic s'exprime à travers la personnification.

Un étrange travailleur

L'alambic est comparé à un ouvrier, dont il possède certaines caractéristiques. Il travaille, puisqu'il produit de l'alcool. Il sue une « sueur d'alcool » (l. 30). Pourtant, son fonctionnement paraît mystérieux et anormal. Tout d'abord, il respire, mais avec un « souffle intérieur », un « ronflement souterrain » (l. 13), comme s'il se cachait. Ensuite, il fonctionne silencieusement, sans bruit, sans trépidation, sans fumée, ce qui l'oppose à tous ces métiers populaires qui produisent bruit et animation. Enfin, une dernière anomalie suggère sa nature monstrueuse : il transgresse les normes habituelles du travail, puisqu'il accomplit comme « une besogne de nuit faite en plein jour » (l. 13). Ce travail à la fois diurne et nocturne connote une activité maléfique, voire diabolique. Il semble préparer quelque breuvage infernal.

Un personnage sinistre

L'alambic est constamment affecté de caractéristiques psychologiques négatives : il est triste, sa mine est « sombre », il travaille « sans une flamme, sans une gaieté » (l. 28). Il est « morne, puissant et muet » (l. 14). Ce silence sinistre crée un climat inquiétant, et même menaçant.

Cette évocation justifie la peur de Gervaise, prise d'un frisson d'inquiétude : « Ça me fait froid » (l. 35), répète-t-elle à deux reprises. Celle-ci connaît le rôle destructeur de l'alambic. Mais ce frisson est aussi un signe prémonitoire. Gervaise a peut-être un pressentiment du rôle maléfique que jouera la machine à alcool dans sa propre vie. Gervaise est une femme superstitieuse, qui a tendance à voir autour d'elle des signes de bonheur ou de malheur. Grâce à ce trait psychologique de son personnage, Zola sème le texte de présages annonciateurs. Ici, le présage est de mauvais augure. Le destin des personnages se met en marche.

Une vision fantastique

La fin du paragraphe s'élargit en une vision immense à caractère fantastique. La « sueur » de l'alambic devient une « source lente et entêtée » (l. 30), coulant sans interruption et envahissant Paris. Notons que cette image est préparée par celle du « petit ruisseau » évoqué quelques lignes plus haut par Mes-Bottes. Gervaise croit voir le liquide couler sur le sol et s'élargir en un fleuve gigantesque. La gradation entre les trois termes : « la salle », « les boulevards extérieurs », « le trou immense de Paris » (l. 32), suggère la progression irrésistible de l'inondation d'alcool.

L'image de la crue d'eau-de-vie est symbolique : l'alcool représente un danger redoutable, sur le plan individuel d'abord, mais aussi sur le plan social : l'alcool est un fléau qui ravage les milieux populaires parisiens. Zola voudrait que les pouvoirs publics en réglementent la distillation. Cette vision menaçante possède donc aussi une valeur d'avertissement.

CONCLUSION

Cette première rencontre des deux héros avec l'alambic est apparemment fortuite. Pourtant, elle est profondément signifiante. Au début de leur rencontre, la présence menaçante de l'alambic incarne véritablement le destin du couple. Malgré leur refus de boire, tous deux succomberont aux maléfices de l'alambic. Au chapitre X, c'est exactement au même endroit, à l'Assommoir, que Gervaise cédera à la tentation de l'alcool. Le parallélisme entre les deux scènes souligne la chute accomplie par l'héroïne du récit.

À l'intérieur, les façades avaient six étages, quatre façades
régulières enfermant le vaste carré de la cour. C'étaient des
murailles grises, mangées d'une lèpre jaune, rayées de
bavures par l'égouttement des toits, qui montaient toutes
5   plates du pavé aux ardoises, sans une moulure ; seuls les
tuyaux de descente se coudaient aux étages, où les caisses
béantes des plombs mettaient la tache de leur fonte rouillée.
Les fenêtres sans persienne montraient des vitres nues, d'un
vert glauque d'eau trouble. Certaines, ouvertes, laissaient
10   pendre des matelas à carreaux bleus, qui prenaient l'air ;
devant d'autres, sur des cordes tendues, des linges
séchaient, toute la lessive d'un ménage, les chemises de
l'homme, les camisoles de la femme, les culottes des
gamins ; il y en avait une, au troisième, où s'étalait une
15   couche d'enfant, emplâtrée d'ordure. Du haut en bas, les
logements trop petits crevaient au-dehors, lâchaient des
bouts de leur misère par toutes les fentes. En bas, desser-
vant chaque façade, une porte haute et étroite, sans boiserie, taillée dans le nu du plâtre, creusait un vestibule lézar-
20   dé, au fond duquel tournaient les marches boueuses d'un
escalier à rampe de fer ; et l'on comptait ainsi quatre escaliers, indiqués par les quatre premières lettres de l'alphabet,
peintes sur le mur. Les rez-de-chaussée étaient aménagés
en immenses ateliers, fermés par des vitrages noirs de pous-
25   sière : la forge d'un serrurier y flambait ; on entendait plus
loin des coups de rabot d'un menuisier ; tandis que, près de
la loge, un laboratoire de teinturier lâchait à gros bouillons
ce ruisseau d'un rose tendre coulant sous le porche. Salie de
flaques d'eau teintée, de copeaux, d'escarbilles de charbon,
30   plantée d'herbe sur ses bords, entre ses pavés disjoints, la
cour s'éclairait d'une clarté crue, comme coupée en deux par

la ligne où le soleil s'arrêtait. Du côté de l'ombre, autour de la fontaine dont le robinet entretenait là une continuelle humidité, trois petites poules piquaient le sol, cherchaient

35 des vers de terre, les pattes crottées. Et Gervaise lentement promenait son regard, l'abaissait du sixième étage au pavé, remontait, surprise de cette énormité, se sentant au milieu d'un organe vivant, au cœur même d'une ville, intéressée par la maison, comme si elle avait eu devant elle une per-

40 sonne géante.

INTRODUCTION

Situer le passage

Gervaise et Coupeau, qui lui fait la cour, viennent de prendre ensemble une prune à l'Assommoir. Puis la jeune femme le raccompagne devant la maison de sa sœur, Mme Lorilleux, qui habite dans une grande maison ouvrière, rue de la Goutte-d'Or. En attendant Coupeau, Gervaise pénètre dans la cour et regarde l'immeuble où elle est destinée à passer une grande partie de sa vie.

Dégager des axes de lecture

Dans un premier axe, on montrera que ce passage illustre les théories naturalistes de Zola, telles qu'il les expose dans son article « Le Roman expérimental ». Le deuxième axe montrera que la maison ouvrière est aussi chargée d'une dimension symbolique : le naturalisme de Zola se combine très souvent avec des significations symboliques.

PREMIER AXE DE LECTURE
UN TEXTE NATURALISTE

La description de la grande maison ouvrière possède une valeur documentaire, et fournit une idée assez juste de la vie des ouvriers pauvres sous le Second Empire. De plus, l'espace décrit est le lieu même de l'expérimentation sociale visée par Zola.

Une observation méthodique

La maison est décrite avec un souci d'objectivité et une précision documentaire. La cour du bâtiment est vue en focalisation interne, à travers le regard de Gervaise, qui examine méthodiquement le bâtiment, sans passion. La progression du texte épouse le mouvement de son regard, qui descend puis remonte le long du bâtiment (l. 37). Le relevé qu'elle fait possède une certaine précision descriptive, avec le nombre des escaliers, des portes, les détails techniques. Sans doute, cette maison appartient à la fiction : mais elle est décrite à partir des observations relevées par Zola sur les habitations des quartiers pauvres parisiens.

Il s'agit d'une maison de rapport, partagée en logements très petits. On apprendra plus loin qu'elle abrite trois cents locataires. Elle est en effet entièrement habitée par des ouvriers, qui paient de maigres loyers. La vie des familles apparaît par les fenêtres. Les logements lâchent « des bouts de leur misère par toutes les fentes » (l. 17). Cette expression peint admirablement le débordement de la pauvreté hors de logis trop exigus. Le mot abstrait « misère », substitué au terme concret que l'on attend, donne beaucoup plus de force à l'expression.

La maison de la misère

Les champs lexicaux dominants sont ceux de la saleté et de la dégradation. Dans cette maison règne la crasse. La cour est salie de tous les déchets des ateliers (l. 29), les marches sont boueuses. Cette saleté envahissante paraît attaquer le bâtiment. Les murailles sont « mangées d'une lèpre » (l. 3), la fonte est « rouillée » (l. 7), le vestibule « lézardé » (l. 19). Le bâtiment donne une impression d'abandon : comme il est voué exclusivement à la location, les réparations nécessaires ne sont pas effectuées. En outre, la construction est d'une architecture pauvre, réduite au strict nécessaire. La reprise de la préposition « sans » le souligne avec insistance : « sans une moulure » (l. 5), « sans persienne » (l. 8), « sans boiserie » (l. 18). Aucun ornement superflu ne vient donner à la maison charme ou confort.

Les couleurs, bien loin d'animer les lieux, les attristent : les murailles sont « grises » ou couvertes d'une « lèpre jaune » ; plus loin, dans l'expression « d'un vert glauque d'eau trouble » (l. 9), le vert est comme sali par les deux adjectifs dépréciatifs. Seul, le « rose tendre » du ruisseau du teinturier apporte une note claire. Tous ces détails sont signifiants, et constituent un ensemble cohérent : c'est la maison de la pauvreté et de la misère qui est décrite ici.

█ Un laboratoire expérimental

La grande maison est un microcosme : elle représente toute la vie ouvrière. La densité de vies qu'elle abrite est si considérable que la maison est présentée comme une personne morale. Gervaise se sent au milieu d'un « organe vivant », devant une « personne géante » (l. 40). Elle éprouve une attirance pour ce lieu, malgré sa pauvreté. En concentrant dans un même espace trois cents locataires, Zola savait qu'il commettait une invraisemblance, car des immeubles de cette taille n'existaient pas à l'époque. Mais cela lui permet de rassembler en un même lieu clos tous les personnages de son roman, eux-mêmes représentatifs de la condition ouvrière dans son ensemble. En effet, la grande maison ouvrière est le laboratoire expérimental de Zola. Elle est le lieu où vont se rencontrer tous les personnages du roman, où va se dérouler toute « l'expérience » du romancier natura-liste, qui veut, dit-il, « faire mouvoir les personnages dans une histoi-re particulière[1] », c'est-à-dire aussi dans un lieu particulier. Dans L'As-sommoir, la maison carrée est le lieu privilégié de l'expérimentation du romancier ; l'héroïne y connaîtra plusieurs étapes de la vie d'une ouvrière. Elle y vivra patronne aisée dans sa belle boutique, au rez-de-chaussée, puis ouvrière misérable dans un taudis, sous les toits.

---

1. Voir « Le Roman expérimental ».

DEUXIÈME AXE DE LECTURE
UN LIEU SYMBOLIQUE

Dans le roman zolien, des éléments apparemment insignifiants prennent une valeur symbolique. Ici, la signification déborde l'étroit cadre réaliste.

Un symbole de la vie ouvrière

La grande maison réunit au même endroit les logements des familles et les ateliers. Les logements ouvriers sont étroits, sordides, misérables. La promiscuité est en effet l'un des fléaux de la pauvreté : l'intimité des habitants est dévoilée, vêtements et lingerie s'étalent aux yeux de tous (l. 9-15). Mais la maison témoigne aussi de la dimension essentielle de la vie ouvrière, c'est-à-dire du travail. Tout le rez-de-chaussée de la maison abrite des boutiques sur la rue, des ateliers sur la cour (l. 23-28). L'espace de l'atelier est bien différent de l'espace familial : les ateliers sont « immenses », ils sont actifs et respirent la vie. Sans doute, les bruits de la forge, les coups de rabot du menuisier se font entendre ; toute la cour est salie par les déchets des ateliers. Mais, si les nuisances des métiers sont au cœur de la maison, ils l'animent d'une intense vie laborieuse.

Un espace symbolique

L'espace de la cour est un carré parfait, aux proportions purement géométriques. Surtout, c'est un espace clos, avec ses façades régulières « enfermant » la cour. Le verbe « enfermer » (on attendrait plutôt « entourer ») signifie l'emprisonnement des pauvres dans une vie sans avenir, sans liens avec le monde extérieur, repliée sur sa misère et son ignorance.

L'image du labyrinthe commence à projeter ici sa nature maléfique. La maison abrite un immense dédale de couloirs, d'escaliers, de passages où l'on se perd. La porte est « haute et étroite » (l. 18), comme si elle refusait l'entrée. Le vestibule semble creusé dans le sol, et au fond « tournent » les marches de l'escalier. Ce n'est pas encore le labyrinthe que Gervaise traversera un peu plus tard (p. 80), mais c'en est déjà l'entrée.

Une nature maigre et maladive apparaît dans la cour : un peu d'herbe s'efforce de pousser entre les pavés. Quelques poules en liberté attestent que l'espace de la maison est intermédiaire entre ville et campagne (l. 33-35). Enfin, le « ruisseau » d'eau colorée, qui provient des eaux usées du teinturier, n'a rien de champêtre. Dans les quartiers pauvres, la nature elle-même est dénaturée.

Présages du destin

Le destin de Gervaise est présent dans cette page. En effet, celle-ci comporte plusieurs effets d'annonce discrets mais efficaces. Le ruisseau du teinturier constitue un premier présage. Gervaise pense qu'il lui portera bonheur, et en effet, dans cette scène où l'idylle entre Coupeau et Gervaise commence à se nouer, il est « d'un rose tendre » (l. 28). Le présage est donc heureux, pour l'instant.

La thématique de la lumière peut aussi s'interpréter d'une façon symbolique. La cour est coupée en deux par le partage entre lumière et soleil. D'un côté l'ombre, de l'autre une « clarté crue » (l. 31). On peut y voir une image du destin de Gervaise, avec la pente lumineuse du bonheur, avant la déchéance dans la misère et l'alcoolisme.

CONCLUSION

Cette page essentielle présente, un peu à l'avance, le théâtre principal de tout le roman, l'arène de tous les drames. Gervaise va en effet y vivre et s'y installer, depuis le chapitre V jusqu'à la fin du récit. C'est là qu'elle mourra, au terme d'une existence que Zola a voulu particulièrement représentative des difficultés et des échecs de la vie ouvrière.

C'était le tour de la Gueule-d'Or. Avant de commencer, il jeta à la blanchisseuse un regard plein d'une tendresse confiante. Puis, il ne se pressa pas, il prit sa distance, lança le marteau de haut, à grandes volées régulières. Il avait le jeu

5 classique, correct, balancé et souple. Fifine, dans ses deux mains, ne dansait pas un chahut de bastringue, les guibolles emportées par-dessus les jupes ; elle s'enlevait, retombait en cadence, comme une dame noble, l'air sérieux, conduisant quelque menuet ancien. Les talons de Fifine tapaient la

10 mesure, gravement ; et ils s'enfonçaient dans le fer rouge, sur la tête du boulon, avec une science réfléchie, d'abord écrasant le métal au milieu, puis le modelant par une série de coups d'une précision rythmée. Bien sûr, ce n'était pas de l'eau-de-vie que la Gueule-d'Or avait dans les veines, c'était

15 du sang, du sang pur, qui battait puissamment jusque dans son marteau, et qui réglait la besogne. Un homme magnifique au travail, ce gaillard-là ! Il recevait en plein la grande flamme de la forge. Ses cheveux courts, frisant sur son front bas, sa belle barbe jaune, aux anneaux tombants, s'al-

20 lumaient, lui éclairaient toute la figure de leurs fils d'or, une vraie figure d'or, sans mentir. Avec ça, un cou pareil à une colonne, blanc comme un cou d'enfant ; une poitrine vaste, large à y coucher une femme en travers ; des épaules et des bras sculptés qui paraissaient copiés sur ceux d'un géant,

25 dans un musée. Quand il prenait son élan, on voyait ses muscles se gonfler, des montagnes de chair roulant et durcissant sous la peau ; ses épaules, sa poitrine, son cou enflaient ; il faisait de la clarté autour de lui, il devenait beau, tout-puissant, comme un bon Dieu. Vingt fois déjà, il

30 avait abattu Fifine, les yeux sur le fer, respirant à chaque coup, ayant seulement à ses tempes deux grosses gouttes de

sueur qui coulaient. Il comptait : vingt et un, vingt-deux, vingt-trois. Fifine continuait tranquillement ses révérences de grande dame.

INTRODUCTION

Situer le passage

Gervaise a confié son fils Étienne en apprentissage au forgeron Goujet, dit la Gueule-d'Or. Cet homme nourrit pour la jolie blanchisseuse un amour profond mais discret, puisque celle-ci est mariée avec Coupeau. Un jour, elle passe le voir à la forge. Un autre ouvrier, habile mais grand buveur, surnommé Boit-sans-Soif, se permet d'adresser des galanteries à Gervaise. Irrité, Goujet le défie à un concours d'adresse, la fabrication d'une pièce particulièrement difficile à réaliser seul, un boulon de quarante millimètres. Après la prestation inégale de Boit-sans-Soif, qui a forgé son boulon en trente coups, vient le tour de Goujet, armé d'un lourd marteau surnommé Fifine.

Dégager des axes de lecture

En décrivant le forgeron en pleine action, Zola veut célébrer la grandeur du travail manuel. Un premier axe de lecture montrera comment mots et images mettent en valeur la beauté de ce travail. Cependant, Goujet est l'objet d'une véritable transfiguration : le second axe analysera les schémas héroïques et épiques à l'œuvre dans le texte.

PREMIER AXE DE LECTURE
UN ÉLOGE DU TRAVAIL DE LA FORGE

Un lexique systématiquement mélioratif, des images valorisantes, des rythmes calculés : toute la séquence vise à faire partager au lecteur l'admiration pour le beau travail de la forge.

Des qualités éminentes

Lors de la préparation de son roman, Zola a accumulé des notes longues et précises sur le travail des ouvriers et des artisans. Le romancier éprouve pour leur savoir-faire intérêt et respect. Toute la première partie du texte (l. 3-13) constitue une longue description de Goujet au travail, qui vise à constamment mettre en valeur l'habileté de l'ouvrier. Zola insiste peu sur la puissance du geste, qui va de soi. Il souligne au contraire la beauté du mouvement « balancé et souple » (l. 5), ainsi que son admirable régularité, avec l'expression « à grandes volées régulières » (l. 4), « en cadence » (l. 8). Le travail est effectué posément, sans hâte, avec gravité et dignité. Le rythme des phrases (l. 3-4) et des groupes de mots (l. 5) suggère la parfaite régularité de la cadence. Goujet possède une grande maîtrise de ses gestes, une assurance qui lui donne une totale précision. L'art de l'ouvrier exige encore une « science réfléchie » (l. 11), c'est-à-dire tout un savoir obtenu par une longue expérience. C'est à juste titre que le forgeron a la fierté de son métier.

L'image de la danse

La métaphore de la danse du marteau exprime efficacement la beauté et le rythme du mouvement. Le travail de Gouget est comparé à un menuet, danse ancienne au mouvement harmonieux, d'une élégance aussi sobre que raffinée (l. 5). Le forgeron forme avec son marteau un couple. Le sobriquet de « Fifine » permet de féminiser un instrument nettement viril : le marteau est personnifié jusque dans le détail, avec l'allusion aux « talons » de Fifine, qui frappent en mesure. Ainsi, la lourde massue se métamorphose en quelque « dame noble » (l. 8) du passé, accomplissant avec grâce ses « révérences » (l. 33).

L'opposition avec les gestes de son rival, Boit-sans-Soif, est nettement marquée : son mouvement, plus anarchique, est comparé à une danse de bal populaire, à un « chahut de bastringue » (l. 6) ; un élan indécent enlève son marteau dans des figures équivoques, « les guibolles emportées par-dessus les jupes » (l. 7). À l'élégance du jeu de Goujet s'oppose la vulgarité de celui de son rival.

Éloge de la sobriété

Comme presque tout le roman, la scène est vue en focalisation interne, à travers le regard de Gervaise. Aussi, est-ce à elle qu'il faut rapporter cette exclamation convaincue : « Bien sûr, ce n'était pas de l'eau-de-vie que la Gueule-d'Or avait dans les veines, c'était du sang ! » (l. 14) L'hyperbole populaire est significative : à force de boire, le sang des ouvriers se transforme en alcool.

En opposant aussi radicalement le jeu des deux hommes, Zola propose une thèse : il veut montrer la supériorité de l'ouvrier sobre sur l'ouvrier alcoolique. Goujet, qui représente dans le roman le type du bon ouvrier, est d'une sobriété parfaite, et possède en outre de grandes qualités humaines. Il s'oppose à tous les alcooliques du roman, à Coupeau et ses camarades de cabaret, ainsi qu'au père Bijard, que l'alcool entraîne à la déchéance ou à la violence.

DEUXIÈME AXE DE LECTURE
UN HÉROS MYTHIQUE

Sous le regard attendri et admiratif de Gervaise, le beau forgeron prend une grandeur surhumaine : nous assistons à la divinisation de la Gueule-d'Or. La description met en œuvre des thèmes et des motifs qui relèvent de mythes littéraires célèbres, ceux du roman courtois, de l'épopée ou de la mythologie grecques.

Un amour courtois

Le travail effectué par Goujet est comparable à la prouesse du héros courtois : en effet, il est accompli de façon purement gratuite pour les beaux yeux de sa dame (l. 1-3), afin de lui prouver la valeur éminente de celui qu'elle aime. Goujet aime Gervaise d'un amour désintéressé : il la sait mariée et honnête, et jamais ne se permet à son égard la moindre tentative de séduction. Ces sentiments rappellent « l'amour de loin » chanté par les troubadours.

Le défi jeté à Boit-sans-Soif est une transposition romanesque du motif aristocratique du combat singulier. C'est bien un duel à armes égales que se livrent les deux rivaux, dont le prix est l'estime de la dame. Goujet, en réussissant à forger seul son boulon, réalise un équivalent de la prouesse chevaleresque. Il l'accomplit avec aisance, comme en se jouant, manifestant ainsi une supériorité indéniable sur son rival.

Une beauté sculpturale

Le portrait du forgeron au travail met en valeur sa superbe stature. Goujet est un colosse aux proportions impressionnantes. Sa musculature de travailleur de force est évoquée par des hyperboles : sa poitrine est large « à y coucher une femme en travers » (l. 23) ; ses muscles forment « des montagnes de chair » (l. 26). De plus, la description fait référence au lexique de la sculpture : le cou du forgeron est pareil à une « colonne » (l. 22) ; ses bras « sculptés » semblent « copiés sur ceux d'un géant, dans un musée » (l. 24). Même ses cheveux courts et frisés et sa barbe « aux anneaux tombants » (l. 19) rappellent quelques statues de dieux grecs. Ainsi, Zola avoue son modèle esthétique, la statuaire gréco-romaine, qui célèbre l'harmonie du corps humain par des représentations parfaitement équilibrées.

Une divinisation

La comparaison avec la statuaire antique prépare un autre rapprochement : un héros est en Grèce un demi-dieu. Les légendes grecques chantent les exploits de ces êtres aux pouvoirs merveilleux. Implicitement, le jeune homme est comparé à l'un de ces héros, peut-être à Hercule, célèbre guerrier d'une force surhumaine.

D'autre part, le métier de Goujet évoque le dieu Vulcain, maître du feu et de la forge. Éclairé en plein par la grande flamme de la forge, Goujet est comme auréolé d'une lumière d'or. Il semble irradier la lumière par tout son corps, « il faisait de la clarté autour de lui » (l. 28). Ainsi, il mérite pleinement son surnom de « la Gueule d'Or » : ce sobriquet populaire s'explique par la blondeur du jeune homme. Mais il rappelle le surnom héroïque des guerriers de l'épopée, qui célèbre une de leurs vertus. Ici, l'épithète « d'or », nettement laudative, souligne sa nature héroïque.

Les héros en Grèce étaient admis à l'immortalité, et vénérés comme des dieux. C'est Gervaise qui voit ici Goujet dans sa gloire. Totalement ignorante de la mythologie grecque, elle utilise pour décrire cette métamorphose les comparaisons qui lui sont familières. À ses yeux, il est devenu « beau, tout-puissant comme un bon Dieu » (l. 29). Mais le lecteur bourgeois de Zola, lui, a perçu la référence à la mythologie classique.

CONCLUSION

Zola cherche ici à réhabiliter le travail manuel aux yeux d'un public bourgeois, qui a tendance à le mépriser. C'est pourquoi il met en valeur la noble beauté de l'ouvrier au travail, usant de références littéraires et d'images mythologiques. Celles-ci appartiennent à une tradition culturelle reconnue par l'élite, au temps de Zola. Le romancier réussit ainsi à conférer à ce personnage d'origine populaire des lettres de noblesse.

Mais tout rentra dans l'ordre, Gervaise et maman Coupeau arrivaient pour débrocher l'oie. À la grande table, on respirait, renversé sur les dossiers des chaises. Les hommes déboutonnaient leur gilet, les dames s'essuyaient la figure
5 avec leur serviette. Le repas fut comme interrompu ; seuls, quelques convives, les mâchoires en branle, continuaient à avaler de grosses bouchées de pain, sans même s'en apercevoir. On laissait la nourriture se tasser, on attendait. La nuit, lentement, était tombée ; un jour sale, d'un gris de cendre,
10 s'épaississait derrière les rideaux. Quand Augustine posa deux lampes allumées, une à chaque bout de la table, la débandade du couvert apparut sous la vive clarté, les assiettes et les fourchettes grasses, la nappe tachée de vin, couverte de miettes. On étouffait dans l'odeur forte qui
15 montait. Cependant, les nez se tournaient vers la cuisine, à certaines bouffées chaudes.

– Peut-on vous donner un coup de main ? cria Virginie.

Elle quitta sa chaise, passa dans la pièce voisine. Toutes les femmes, une à une, la suivirent. Elles entourèrent la
20 rôtissoire, elles regardèrent avec un intérêt profond Gervaise et maman Coupeau qui tiraient sur la bête. Puis, une clameur s'éleva, où l'on distinguait les voix aiguës et les sauts de joie des enfants. Et il y eut une rentrée triomphale : Gervaise portait l'oie, les bras raidis, la face suante, épa-
25 nouie dans un large rire silencieux ; les femmes marchaient derrière elle, riaient comme elle ; tandis que Nana, tout au bout, les yeux démesurément ouverts, se haussait pour voir. Quand l'oie fut sur la table, énorme, dorée, ruisselante de jus, on ne l'attaqua pas tout de suite. C'était un étonne-
30 ment, une surprise respectueuse, qui avait coupé la voix à la société. On se la montrait avec des clignements d'yeux et

des hochements de menton. Sacré mâtin ! quelle dame !
quelles cuisses et quel ventre !

INTRODUCTION

Situer le passage

Gervaise, qui est fort gourmande, aime réunir autour d'elle famille
et amis pour faire de bons petits repas. Elle organise à l'occasion de
sa fête un dîner, où elle invite finalement le nombre considérable de
quatorze personnes ! Le menu est élaboré soigneusement, le repas
préparé pendant trois jours. La réunion commence assez bien, malgré le retard de Coupeau. On a déjà dévoré goulûment le potage,
puis deux plats de viande et de légumes. On attend le clou du festin,
l'oie rôtie, tandis que les enfants se disputent.

Dégager des axes de lecture

Le festin populaire a ses rites : dans un premier axe, on verra comment l'oie est portée sur la table selon une mise en scène quasi théâtrale. Dans le second axe, on étudiera l'intérêt sociologique du texte :
le romancier observe en effet les usages et les manières du peuple
avec une grande exactitude.

PREMIER AXE DE LECTURE
LA THÉATRALITÉ

Un cérémonial

L'arrivée de l'oie sur la table est le moment le plus solennel : elle
donne lieu à un véritable rite, révélateur de la valeur essentielle
accordée à la nourriture. Le texte se découpe en deux parties. Le
premier paragraphe décrit les moments pendant lesquels la maîtresse de maison part débrocher l'oie dans la pièce où l'on cuisine, la
chambre des Coupeau. L'attente est longue, et permet de mettre en
valeur l'étape suivante. Le retour de Gervaise se fait en cortège, elle
en tête, les autres femmes ensuite, apportant à une tablée admirative

cette oie merveilleuse, d'une taille exceptionnelle. Gervaise exécute une entrée spectaculaire, « les bras raidis, la face suante, épanouie dans un large rire silencieux » (l. 24). Le plat fait une véritable entrée en scène, porté en triomphe par Gervaise.

Un public fasciné

Les convives forment un public plein d'admiration. Virginie rejoint Gervaise sous le prétexte de l'aider, en réalité par curiosité. Elle est suivie par les autres femmes, elles aussi avides de voir la bête. Elles s'exclament avec des cris admiratifs ; on entend leur « clameur » (l. 21), les « voix aiguës » (l. 22) des enfants. Le public s'élargit ensuite à toute la société, qui accueille Gervaise dans un silence respectueux.

Le jeu des regards souligne la dimension théâtrale du passage. Voir sortir l'oie du four est un spectacle qui suscite « un intérêt profond » (l. 20). Tous les regards convergent vers l'animal, au centre de la scène. Les enfants, qui n'ont jamais vu ça, écarquillent les yeux. Nana, « les yeux démesurément ouverts » (l. 27), tente d'apercevoir l'oie.

L'enthousiasme de la tablée se manifeste par des signes : « On se la montrait avec des clignements d'yeux » (l. 31). Les rires éclatent, le « large rire silencieux » de Gervaise, celui des femmes, les « sauts de joie » des enfants. On jubile d'avance au plaisir qui s'annonce. Une convivialité joyeuse s'installe, tous les dissentiments sont oubliés devant l'espoir de la bombance. Après l'explosion de joie, un silence respectueux s'installe.

Le triomphe de Gervaise

Cette oie énorme est une marque d'ostentation, de même que l'hospitalité de Gervaise. Celle-ci est généreuse, certes, mais cette abondance possède aussi une valeur sociale : elle est un signe extérieur de richesse. L'un des motifs dominants du chapitre VII est le désir d'écraser les voisins sous la richesse du repas, surtout les Lorilleux, particulièrement avares et envieux.

Situé au centre du roman, le festin est le point culminant de l'ascension sociale de Gervaise. Elle reçoit chez elle une société nombreuse, ce qui est un signe d'appartenance à la petite-bourgeoisie.

Gervaise est heureuse de dépenser tout ce qui lui reste, car cette dépense est le signe de sa réussite sociale. Cependant, elle n'en voit pas la fragilité : elle a dû mettre son alliance au Mont-de-Piété pour payer le vin !

DEUXIÈME AXE DE LECTURE
INTÉRÊT SOCIOLOGIQUE DU TEXTE

Tout le chapitre VII est consacré au récit du festin ouvrier, dont le déroulement est décrit de la façon la plus détaillée. Zola manifeste en effet un intérêt marqué pour la fête populaire, qu'il observe avec une précision de sociologue.

Le rôle des femmes

Dans la famille ouvrière, les rôles masculins et féminins sont rigoureusement répartis. La maîtresse de maison est aux commandes. Hôtesse et organisatrice, elle est au centre de la fête. Elle seule est habilitée à débrocher l'oie, puis à la porter en triomphe. Elle détient l'honneur de poser le plat sur la table.

Les femmes règnent, mais font le service. Maman Coupeau, en tant que belle-mère, assiste sa bru (l. 1-2). Augustine, l'apprentie, dessert la table et rend divers petits services (l. 10). Virginie se propose pour l'aider (l. 17). Dans la France ouvrière du Second Empire, la cuisine et le service domestiques sont exclusivement l'affaire des femmes. Quant aux enfants, installés dans une autre pièce, ils participent à la fête, n'étant pas exclus du dîner comme dans les milieux bourgeois.

Le rapport à la nourriture

Dans ces milieux ouvriers où l'on n'est jamais à l'abri de la disette, la fête est centrée sur la nourriture. L'oie, « énorme, dorée, ruisselante de jus », un mets exceptionnel, est donc le clou du repas. Aussi assiste-t-on à la personnification de l'oie : « Quelle dame ! » Elle est comparée à une belle femme attirante. L'insistance est mise sur les « cuisses » et le « ventre » (l. 32-33). On la mange du regard, avec jubilation.

La nourriture est entourée d'un grand respect : se nourrir est considéré comme un travail des plus sérieux. Les convives se font un plaisir, mais aussi un devoir de beaucoup manger, de faire honneur à la nourriture. On s'applique, avec une voracité dont le narrateur se moque : certains continuent à manger d'une façon mécanique (l. 6-7). Chez les ouvriers, peu importe le décorum : ce qui compte, ce n'est pas de manger élégamment, ni même de bien manger, c'est de manger beaucoup.

Une scène carnavalesque

L'épisode du festin possède, dans son ensemble, une dimension carnavalesque. L'excès alimentaire caractérise la fête populaire. L'air est saturé d'odeurs, comme les invités de nourriture (l. 13). Les difficultés de la digestion suggèrent la goinfrerie des convives. Les hommes déboutonnent leur gilet, car leur estomac est plein à craquer ; les femmes tout en sueur s'essuient le visage ; les convives s'affalent sur leur dossier. Pour pouvoir ensuite à nouveau s'empiffrer, il faut faire une pause, laisser « la nourriture se tasser » (l. 8). Le laisser-aller général est visible à travers le désordre de la table, « la débandade du couvert » (l. 12) : on a mangé sans faire attention à ne pas salir.

CONCLUSION

Le banquet populaire est un thème majeur du roman, avec trois épisodes de bombance : la noce, la fête de Gervaise, la communion de Nana. Le romancier considère la fête sans mépris : il dépeint avec sympathie cette grosse joie populaire, libératrice des corps et des esprits.

Deux années s'écoulèrent, pendant lesquelles ils s'enfon-
cèrent de plus en plus. Les hivers surtout les nettoyaient.
S'ils mangeaient du pain au beau temps, les fringales arrivaient avec la pluie et le froid, les danses devant le buffet,
5   les dîners par cœur, dans la petite Sibérie de leur cambuse.
Ce gredin de décembre entrait chez eux par-dessous la
porte, et il apportait tous les maux, le chômage des ateliers,
les fainéantises engourdies des gelées, la misère noire des
temps humides. Le premier hiver, ils firent encore du feu
10 quelquefois, se pelotonnant autour du poêle, aimant mieux
avoir chaud que de manger ; le second hiver, le poêle ne se
dérouilla seulement pas, il glaçait la pièce de sa mine
lugubre de borne de fonte. Et ce qui leur cassait les jambes,
ce qui les exterminait, c'était par-dessus tout de payer leur
15 terme. Oh ! le terme de janvier, quand il n'y avait pas un
radis à la maison et que le père Boche présentait la quittan-
ce ! Ça soufflait davantage de froid, une tempête du Nord.
M. Marescot arrivait, le samedi suivant, couvert d'un bon
paletot, ses grandes pattes fourrées dans des gants de laine ;
20 et il avait toujours le mot d'expulsion à la bouche, pendant
que la neige tombait dehors, comme si elle leur préparait un
lit sur le trottoir, avec des draps blancs. Pour payer le terme,
ils auraient vendu de leur chair. C'était le terme qui vidait
le buffet et le poêle. Dans la maison entière, d'ailleurs, une
25 lamentation montait. On pleurait à tous les étages, une
musique de malheur ronflant le long de l'escalier et des corridors. Si chacun avait eu un mort chez lui, ça n'aurait pas
produit un air d'orgues aussi abominable. Un vrai jour du
jugement dernier, la fin des fins, la vie impossible, l'écrase-
30 ment du pauvre monde. La femme du troisième allait faire
huit jours au coin de la rue Belhomme. Un ouvrier, le
maçon du cinquième, avait volé chez son patron.

INTRODUCTION

Situer le passage

Les Coupeau viennent de s'installer sous les toits, « dans le trou le plus sale », après avoir laissé à Virginie leur belle boutique. Le début du chapitre X raconte le dernier événement joyeux de leur vie de famille : ils se retrouvent avec leurs anciens amis pour fêter la communion de Nana. Ensuite, ils tombent dans une misère de plus en plus grande.

Dégager des axes de lecture

Zola veut faire la peinture la plus exacte de la condition des ouvriers. Il cherche à faire sentir à ses lecteurs bourgeois l'effroyable oppression de la misère sur les petites gens. Divers procédés d'écriture, étudiés dans le premier axe de lecture, montrent cette condition sous un jour pathétique. De plus, Zola brosse un tableau très senti de la misère, grâce à une série de brèves scènes de la vie quotidienne.

PREMIER AXE DE LECTURE
UN CRESCENDO PATHÉTIQUE

Le texte évoque toutes les souffrances de la misère. Mais l'ordre des éléments du texte est un ordre d'aggravation : chaque malheur est suivi d'un autre, pire encore. Ces surenchères constantes permettent une dramatisation.

La composition

Le texte progresse en suivant un crescendo. Les adverbes de quantité soulignent cette aggravation : « de plus en plus », « surtout » (l. 2), « par-dessus tout » (l. 14), « davantage » (l. 17). Après l'évocation des deux années noires (l. 1-2) vient l'hiver, la saison de la faim, qui occupe les lignes 2 à 5. Au cœur de l'hiver, le pire mois est « ce gredin de décembre » (l. 5-6). Puis le narrateur souligne l'aggravation survenue entre le premier hiver passé par les Coupeau sous les toits (l. 9-11), et le second, plus terrible (l. 11-13), puisque l'absence de chauffage s'ajoute au manque de pain. L'épisode suivant, c'est le drame du terme (l. 15-30), bien pire que celui de la faim, avec la menace épouvantable de l'expulsion planant sur les miséreux. La fin du passage élargit encore la perspective : du logis des Coupeau, on passe à la grande maison tout entière, qui résonne de toutes les plaintes de ses habitants. Ainsi, chaque moment du texte constitue une étape supplémentaire dans le sinistre parcours de la misère.

Le procédé de gradation

La description n'épargne rien du calvaire des pauvres gens. Elle se déroule surtout à l'imparfait, passé de répétition et d'habitude, puisque Zola concentre dans ce bref paragraphe deux années de misère.

Quand les énumérations comportent plusieurs termes, on y trouve presque toujours une gradation ascendante. Ainsi, décembre apporte « le chômage », « les fainéantises », « la misère noire » (l. 7-9). Même progression entre les deux hyperboles « ce qui leur cassait les jambes, ce qui les exterminait » (l. 14) : elles suggèrent l'accablement mortel, physique et moral, suscité par le manque d'argent. Les comparaisons sont de plus en plus pathétiques : « davantage de froid, une tempête du Nord » (l. 17). Les images enfin sont de plus en plus cruelles : « Ils auraient vendu de leur chair » (l. 23). Cette hypothèse va se réaliser, puisque Gervaise tentera de se prostituer.

Le tableau final

Le paragraphe s'achève sur un élargissement du tableau. Élargissement spatial d'abord : dans la grande maison ouvrière, les sanglots du désespoir font entendre partout leur sinistre « musique de malheur » (l. 26). L'image se précise par le rapprochement avec l'« air d'orgues » (l. 28) d'un enterrement. L'angoisse du terme est comparable à une mort morale. Cette forte comparaison prépare le motif de la fin du monde, sur lequel culmine le passage. Le terme, c'est l'Apocalypse des pauvres, « un vrai jour du jugement dernier », « la fin des fins » (l. 29). On retrouve toujours la même idée, sous différentes formes. Comme la fin du monde anéantit l'humanité, le terme, c'est « l'écrasement du pauvre monde » (l. 29-30).

DEUXIÈME AXE DE LECTURE
SCÈNES DE LA MISÈRE

L'étude de l'énonciation montre que le pronom de la troisième personne du pluriel domine : le point de vue adopté est celui des Coupeau, qui vivent ensemble ce dénuement. Le narrateur adopte à la fois le point de vue et le langage des héros, ce qui donne au texte plus de force.

▌Des tableaux sur le vif

Zola met en scène de façon très concrète la misère, à travers une série de tableaux d'une grande vérité. Ainsi, les scènes autour du poêle, où l'on voit les Coupeau « se pelotonnant » autour de la source de chaleur, pour s'efforcer d'en capter les moindres effluves. Ce poêle, personnifié, est devenu un personnage important de leur vie, et sa « mine lugubre » (l. 12-13), lorsqu'il est froid, les glace autant moralement que physiquement.

Le drame du terme est présenté de façon particulièrement soignée. Chaque échéance est une catastrophe, attendue dans l'angoisse et le désespoir. La phrase nominale exclamative (l. 15-17) fait bien sentir, par l'absence même des commentaires, la hantise douloureuse du terme. Le loyer représente une obsession continuelle, avec la terreur de se retrouver en plein hiver sur le trottoir, de tomber à l'état de clochard. Les réclamations du propriétaire fournissent un bref tableau en deux temps : la description de M. Marescot, à l'aise dans ses vêtements confortables, forme un contraste avec l'évocation sinistre de la rue couverte de neige, préparant « un lit sur le trottoir » (l. 22).

Ces scènes de genre sont riches de tout un vécu. Si Zola n'a pas connu la vraie misère, il a fait l'expérience de sérieuses difficultés financières pendant ses années de bohème.

▌Les mots de la misère

Le langage populaire possède un riche éventail de termes exprimant les modes et les manifestations de la pauvreté. Le passage en présente un large échantillon. Parfois banales, le plus souvent pittoresques et colorées, ces formules imagées possèdent souvent une forte valeur expressive : « ce gredin de décembre » (l. 5-6) personnifie le plus rude mois de l'année. Les « fringales », les « danses devant le buffet », « les dîners par cœur » (l. 3-5), sont autant de façons de désigner les affres de la faim. Par leur couleur, par la nuance d'humour ou de dérision qu'elles contiennent quelquefois, ces expressions peuvent prendre la valeur d'euphémismes[1], comme pour aider les miséreux à exorciser les difficultés de la vie.

▌La fatalité de la pauvreté

La misère est un engrenage : un malheur en entraîne un autre. Le froid et les privations poussent l'ouvrier à la paresse et à l'alcoolisme, si bien que tous les maux arrivent en même temps (l. 8). Surtout, la pression insupportable du dénuement entraîne à des actes extrêmes. La chute du texte (l. 30-32) est très sobre, avec simplement l'exposé des faits, en deux phrases brèves, sans liens logiques, ni commentaires. Pourtant, elle est lourde de sens : les deux exemples de la prostitution occasionnelle et du vol montrent que le cercle vicieux de la misère aboutit aux pires déchéances. En outre, le premier exemple annonce le choix désespéré de Gervaise, qui ira elle aussi se prostituer, poussée par la faim.

CONCLUSION

Zola adopte le point de vue des pauvres, et prend leur parti. Dans ce passage, tout frémissant des horreurs du dénuement, le pathétique est mis au service de la dénonciation de la misère. *L'Assommoir,* roman à thèse, cherche à provoquer une prise de conscience dans l'opinion publique, pour que la société vienne en aide à ces existences sacrifiées.

---

1. *Euphémisme* : figure de rhétorique servant à adoucir une réalité qui pourrait choquer.

Au deuxième verre, Gervaise ne sentit plus la faim qui la
tourmentait. Maintenant, elle était raccommodée avec
Coupeau, elle ne lui en voulait plus de son manque de parole. Ils iraient au Cirque une autre fois ; ce n'était pas si drôle,
5   des faiseurs de tours qui galopaient sur des chevaux. Il ne
pleuvait pas chez le père Colombe, et si la paie fondait dans
le fil-en-quatre, on se la mettait sur le torse au moins, on la
buvait limpide et luisante comme du bel or liquide. Ah ! elle
envoyait joliment flûter le monde ! La vie ne lui offrait pas
10 tant de plaisirs ; d'ailleurs, ça lui semblait une consolation
d'être de moitié dans le nettoyage de la monnaie. Puisqu'elle était bien, pourquoi donc ne serait-elle pas restée ? On
pouvait tirer le canon, elle n'aimait plus bouger, quand elle
avait fait son tas. Elle mijotait dans une bonne chaleur, son
15 corsage collé à son dos, envahie d'un bien-être qui lui
engourdissait les membres. Elle rigolait toute seule, les
coudes sur la table, les yeux perdus, très amusée par deux
clients, un gros mastoc et un nabot, à une table voisine, en
train de s'embrasser comme du pain, tant ils étaient gris.
20 Oui, elle riait à l'Assommoir, à la pleine lune du père
Colombe, une vraie vessie de saindoux, aux consommateurs
fumant leur brûle-gueule, criant et crachant, aux grandes
flammes du gaz qui allumaient les glaces et les bouteilles de
liqueur. L'odeur ne la gênait plus ; au contraire, elle avait des
25 chatouilles dans le nez, elle trouvait que ça sentait bon ; ses
paupières se fermaient un peu, tandis qu'elle respirait très
court, sans étouffement, goûtant la jouissance du lent sommeil dont elle était prise. Puis, après son troisième petit
verre, elle laissa tomber son menton sur ses mains, elle ne
30 vit plus que Coupeau et les camarades ; et elle demeura nez
à nez avec eux, tout près, les joues chauffées par leur halei-
ne, regardant leurs barbes sales, comme si elle en avait
compté les poils.

INTRODUCTION

▌Situer le passage

Les Coupeau sont sur la pente de la déchéance. Ils ont perdu leur boutique, et sont désormais logés dans un taudis, en haut de la grande maison. Ils vivent dans la misère. Coupeau, devenu complètement alcoolique, boit tout l'argent du ménage. Gervaise se néglige, se laisse aller à la paresse. Un jour que Coupeau avait promis de la conduire au cirque, elle le cherche partout, et finit par le retrouver à l'Assommoir, avec ses compagnons de beuverie. Elle s'assied, et se laisse tenter par un premier verre d'eau-de-vie, puis un second...

▌Dégager des axes de lecture

Nous assistons à la montée de l'ivresse en Gervaise. Son soliloque d'ivrognesse est entièrement écrit au discours indirect libre. Le romancier naturaliste peut ainsi observer au plus près les conséquences physiologiques et morales de l'alcool.

PREMIER AXE DE LECTURE
LES VALEURS DU STYLE INDIRECT LIBRE

Le style indirect libre est très présent dans *L'Assommoir* (voir ci-dessus p. 65-67). Il permet de mieux insérer les propos des personnages dans la narration, si bien que le récit semble « parlé ».

▌La rêverie de Gervaise

La progression du texte est chronologique : Zola a resserré en un long paragraphe toute l'évolution de Gervaise, au fur et à mesure des verres d'eau-de-vie qu'elle boit. Nous suivons les différentes phases de l'ivresse, avec un effet de resserrement du temps, car cette plongée dans l'ivresse dure quelques heures.

Dans un premier temps, le discours de Gervaise est un discours d'auto-justification. Celle-ci se cherche toutes sortes de raisons, bonnes ou mauvaises, pour suivre son désir de rester à l'Assommoir : mépris des divertissements du cirque, désir de profiter elle aussi de l'argent dépensé à boire, rejet de l'opinion d'autrui, confort du bistrot, revendication d'un plaisir mérité (l. 1-16). En revanche, dans la seconde partie du texte, elle ne réfléchit plus du tout. Gervaise s'abandonne à une rêverie flottante, dans la pure vacuité de l'ivresse qui monte peu à peu en elle. Le texte décrit alors simplement les sensations et les attitudes du personnage.

Deux points de vue successifs

Le texte peut se découper en deux parties : dans un premier temps, la focalisation est interne, tout est vu et ressenti du seul point de vue de Gervaise. Le discours indirect libre nous plonge dans la pensée de l'héroïne (l. 1-16), qui commence à éprouver les effets agréables de l'alcool. Puis, insensiblement, le point de vue semble changer (l. 17-35). Celle-ci est vue de l'extérieur, décrite dans l'attitude de l'ivrogne sombrant peu à peu dans l'inconscience ; cependant, les sensations décrites (bonne humeur, « chatouilles », sommeil), sont celles que ressent Gervaise dans son corps. Dans la seconde partie du texte, on ne sait plus qui parle. La voix du narrateur, plus neutre, plus à distance, semble se substituer à celle de Gervaise, tout particulièrement à la fin du texte. Et pourtant, le vocabulaire de la blanchisseuse réapparaît par endroits (l. 22), comme si le narrateur retrouvait le ton de son personnage, et se coulait dans son discours.

La scène est enrichie par la succession de ces deux points de vue, l'un plus subjectif, l'autre plus objectif. Mais l'unité du passage est cependant assurée par le style indirect libre.

Un soliloque d'ivrogne

Le langage de Gervaise est typé. C'est le langage même de l'ivresse que Zola fait entendre ici, avec une grande justesse. Le style oral est parfaitement reproduit au sein du discours indirect libre : exclamations, questions, mises en relief et formules imagées donnent au style une étonnante présence.

Au laisser-aller physique et moral correspond celui du langage. Jamais Gervaise n'a encore parlé de façon aussi relâchée. Les expressions argotiques abondent, colorées ou triviales, comme le

« brûle-gueule » (la pipe), ou la « lune » du père Colombe, c'est-à-dire son large visage d'homme gras, lui-même devenu « une vraie vessie de saindoux » (l. 21). Le « fil-à-quatre » est une expression populaire qui signifie une eau-de-vie très forte.

DEUXIÈME AXE DE LECTURE
UNE DESCRIPTION NATURALISTE
DES EFFETS DE L'ALCOOL

Zola expérimentateur place son personnage dans l'état d'ivresse, et observe ses réactions. Il décrit ici avec une précision clinique l'ensemble des manifestations de l'ivresse. Le naturalisme de la description s'impose à travers les impressions de Gervaise. En effet, nous retrouvons ici l'intérêt scientifique pour l'étude du corps humain.

L'anesthésie des sens

L'alcool est le paradis artificiel du pauvre. Son premier bienfait, c'est qu'il trompe la faim : Gervaise ne sent plus les tortures de son estomac vide. Ensuite, elle sent la « bonne chaleur » (l. 14) de l'alcool l'envahir. Sans bien distinguer la chaleur du poêle et celle de la boisson, elle se laisse pénétrer par ces sensations agréables. Elle « fait son tas » (l. 13), c'est-à-dire qu'elle se recroqueville sur elle-même, dans la vive chaleur qui envahit son corps. Le verbe « mijoter » (l. 14), métaphore culinaire suggestive, exprime la volupté qu'elle ressent. D'une façon générale, toutes les sensations auparavant ressenties comme des agressions déplaisantes (odeurs suffocantes, cris, fumées qui lui brûlaient les yeux) lui deviennent agréables. Gervaise est insensible à tout, sauf à la « jouissance du lent sommeil » (l. 27) qui s'empare d'elle.

Dans tout le roman, la principale hantise de Gervaise est celle du nid chaud et douillet. Ici, elle semble l'avoir trouvé dans le confort fallacieux de l'alcool.

L'euphorie de l'alcool

Le bien-être physique du personnage rejaillit sur son état moral. La chute dans l'engourdissement de l'ivresse est ressentie comme très agréable, et engendre un état d'euphorie. Toute l'agressivité et la rancune éprouvées à l'égard de Coupeau tombent. Gervaise est plongée dans un état de « bien-être » (l. 15) total. Un rire d'ivrogne s'épanouit sur son visage, un rire béat, sans objet. La longue phrase accumulative (l. 20-24) montre qu'elle englobe tout et tous dans une bienveillance universelle. La vigilance de Gervaise diminue, et toutes ses défenses habituelles tombent. Le spectacle des consommateurs ivres, au lieu de la scandaliser, l'attendrit et l'amuse.

Gervaise est coupée d'une réalité trop pénible. L'alcool engendre un oubli, une distance par rapport à la réalité.

L'isolement social

L'alcool protège, mais dresse une barrière entre l'alcoolique et les autres hommes. L'ivrogne s'isole, se retranche de la vie normale. Gervaise rit toute seule, « les yeux perdus » (l. 17).

L'homme ivre n'a plus besoin des autres. Il éprouve une indifférence souveraine à l'égard de ce qui n'est pas son plaisir. Habituellement respectueuse des convenances et de l'opinion d'autrui, Gervaise envoie « joliment flûter le monde » (l. 9). On la voit s'enfoncer dans l'abjection, quand elle s'affaisse sur sa chaise, les coudes sur la table, de plus en plus indifférente aux regards des autres.

À la fin du passage, elle se rapproche de son mari et de ses compagnons. Ces hommes ivres qui lui causaient peur et dégoût, elle s'en approche sans répugnance, le nez sur leurs « barbes sales » (l. 32), sans même voir leur abjection. Gervaise a rejoint, symboliquement, le groupe déclassé et marginal des pochards.

CONCLUSION

Zola ne fait pas la morale. Il montre la réalité, sans fard ; sa dénonciation des ravages de l'alcoolisme y trouve un intérêt et une force plus grands. Mais il s'appuie aussi sur le discours indirect libre : grâce à ce procédé, *L'Assommoir* dépasse le roman à thèse pour entrer dans la vérité d'une existence humaine.

Bibliographie

L'ŒUVRE COMPLÈTE

Les Rougon-Macquart. Histoire naturelle et sociale d'une famille sous le Second Empire est éditée chez Laffont dans la collection « Bouquins » en cinq volumes (*Au Bonheur des Dames* est dans le volume III, avec un dossier documentaire important, notes prises par Zola sur le terrain).

OUVRAGES GÉNÉRAUX SUR ZOLA

- BECKER Colette, *Lire le réalisme et le naturalisme,* Éd. Dunod, 2e éd. 1998.
- BECKER Colette, *Zola en toutes lettres,* Éd. Bordas, 1990.
- BECKER Colette, *Émile Zola*, Éd. Hachette, « Portraits littéraires », 1993, essai intitulé « Entre doute et rêve de totalité », suivi d'une anthologie de textes de Zola et sur Zola.
- BECKER Colette, GOURDIN-SERVENIÈRE Gina, LAVIELLE Véronique, *Dictionnaire d'Émile Zola*, coll. « Bouquins », Éd. Laffont, 1993. (Vie, œuvre, époque, théorie, dictionnaire des personnages.)
- DEZALAY Auguste, *Lectures de Zola,* Éd. Armand Colin, 1973. Mitterrand Henri, *Zola et le naturalisme*, « Que sais-je ?», PUF, 1986.
- ROBERT Guy, *Émile Zola, principes et caractères généraux de son œuvre,* Éd. Les Belles Lettres, 1952. (Une étude d'ensemble capitale.)

ÉTUDES SUR *L'ASSOMMOIR*

- BECKER Colette, *Émile Zola, L'Assommoir*, « Études littéraires », PUF, 1994.
- BENOUDIS BASILIO Kelly, *Le Mécanique et le vivant, La métonymie chez Zola,* Éd. Droz, 1993.
- CRESSOT Marcel, « La langue de *L'Assommoir* », *Le Français moderne,* juin-juillet 1940, p. 207-218.
- DUBOIS Jacques, *L'Assommoir d'Émile Zola, société, discours, idéologie,* Éd. Larousse, 1973 ; rééd. Éd. Belin, 1994.
- NUMÉRO SPÉCIAL : *Les Cahiers naturalistes,* n° 52, 1978 (Colloque sur *L'Assommoir,* 1976).

FILMOGRAPHIE

L'Assommoir a inspiré neuf cinéastes : le premier, Ferdinand Zecca, en 1902 ; le dernier, René Clément qui a tiré de l'œuvre, en 1956, *Gervaise.*

Index

Guide pour la recherche des idées

Les références renvoient aux pages du Profil.

Bussière Camedan Imprimeries
à Saint-Amand (Cher), France.
Dépôt légal : mai 2002. N° d'édit. : 23523. N° d'imp. : 022433/1.